영화로 이해하는 한국과 국제정치

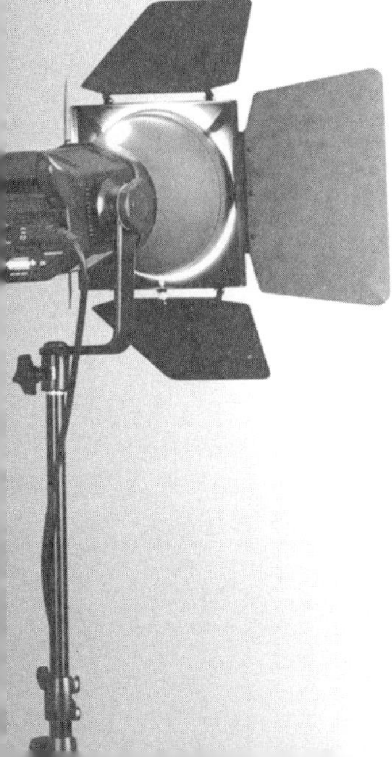

윤 지 원

YUN Jiwon

도서출판 두남

서 문

프랑스의 영화감독 장 뤽 고다르(Jean-Luc Godard)는 "예술이 우리를 매료시킬 때는 오직 그것이 우리 자신의 가장 비밀스런 자아를 드러낼 때"라고 말했다. 예술을 영화로 바꾼다면, 영화의 본질은 감추진 삶의 진실을 드러내는 것이다. 인간 내면의 숨겨진 욕망을 드러내는 일이나 역사의 진실을 밝히는 일은 그다지 생소한 일이 아닐 것이다. 그런 점에서 영화가 삶의 일상을 탐구할 때나 혹은 전쟁과 같은 비극적 고통을 다룰 때나 비슷한 관점에서 이해될 수 있다.

영화의 본질이 진실의 표출이라면 학문의 존재 이유와 동일하다. 학문세계의 궁극적 목표 역시 사물의 진실을 밝히는 것이기 때문이다. 정치학의 관점에서 영화는 현실 정치의 가장 내면적 자아를 드러낼 때 매력적일 것이다. 글로서 설명할 수 없는 삶의 진실이 있듯이, 책이나 논문으로 드러낼 수 없는 정치의 어떤 '비밀스런 자아'가 있을 것이다. 영화가 정치의 내면 풍경을 보여준다면 문헌자료로서 접근할 수 있는 정치의 본질에 더 가까이 접근할 수 있는 계기가 될 것이다. 그런 점에서 영화를 통해 한국정치와 국제관계를 소개하는 방식은 학문의 본질과 부합하는 일이라 할 수 있을 것이다.

이 책은 한국과 국제정치에 관련된 주요 영화를 중심으로 관련된 역사적 사항들을 소개하고 학습하기 위해 만들어졌다. 영화를 통해 국제관계의 흐름을 이해하려는 방식은 요즘 학생들의 경향과 부합한다는 점에서 '수용자 중심'의 교육방식이라 생각한다. 많은 정보들이 영화나 드라마와 같은 영상물을 통해 생산되고 소통되는 상황에서 영화를 통해 국제정치의 주요 사건에 접근하는 방식은 많은 학생들의 눈높이 맞춘 것이다.

사실 우리 개개인의 삶은 세계사적 흐름과 무관할 수 없지만 그에 관한 관심과 이해는 부족한 편이다. 특히 급변하는 현 시대를 살고 있는 젊은 대학생들이 현대 세계가 만들어져 온 주요한 사건이나 전쟁에 대해 기본적인 인식을 갖는 것은 우리가 살아가는 세계를 이해하기 위해 매우 필요한 일이다. 이런 국제적 의제나 현안에 대해 친절한 안내서가 적지 않음에도 불구하고, 학생들의 무관심을 탓하기 전에 복잡한 사건을 보다 매력적으로 이해시킬 수 있는 방법을 강구할 필요가 있는 것이다.

이 책의 내용구성은 제1차 세계대전 이후 주요 전쟁과 사건에 초점을 맞추었다. 첫 번째 영화가 '워터 디바이너'인데, 원제인 'The Water Diviner'는 수맥을 찾아 물을 발견하는 사람을 의미한다. 이 영화의 제목에서 의미하듯이, 1915년 갈리폴리 전투에서 죽은 세 아들들의 시신을 찾아 길을 나선 아버지 이야기를 통해 강한 부성애와 전쟁이 남긴 슬픔을 잘 묘사했다. 더불어 전쟁의 비참함과 당시의 국내외 정치상황을 이해할 수 있다. 제1차 세계대전이 '세계대전'인 이유는 아시아의 터키나 태평양의 호주와 뉴질랜드 군대까지 전장에 투입된 최초의 세계대전이었기 때문이다.

이어 '고지전(The Front Line)'은 6·25전쟁을 다룬 영화다. 휴전협정 전후의 치열했던 고지탈환을 다루었기 때문에 6·25전쟁의 의

미를 새롭게 이해할 수 있다. 판문점에서는 휴전협상이 진행되고 있는 가운데, 전략적 요충지였던 애록고지를 놓고 국군의 악어중대와 인민군간의 치열했던 고지탈환전을 잘 보여준다. 사흘이 멀다 하고 주인이 바뀌는 고지전에서 적대적인 남북한 군인들이 삽입된 '전선야곡(戰線夜曲)'을 부르는 장면 등 묘한 친밀감을 공유하는 모순적 상황이 극적으로 표현됐다. 동족상잔의 참혹한 6·25 전쟁의 실상과 '휴전' 중인 한반도 분단의 역사적 기원을 이해하는데 적절하게 도움을 주는 영화다.

최근 미국의 오바마 대통령은 쿠바와 국교정상화를 추진하면서 쿠바가 세계의 주목을 받고 있다. 미국의 턱밑에 있는 쿠바는 미국의 골칫거리였다. 1959년 쿠바에서 사회주의 혁명이 발생한 이후 줄곧 적대적 관계를 유지해왔다. 영화 'D-13(Thirteen Days)'은 적대관계의 정점이었던 1962년 10월 15일부터 27일까지의 쿠바 미사일 위기(Cuban Missile Crisis)를 잘 묘사했다. 당시 소련은 쿠바에 미사일 기지를 건설하려 했지만, 미국 행정부의 단호한 결단과 주의 깊은 노력으로 10월 27일 '검은 토요일(Black Saturday)'이 핵전쟁으로 치닫는 것을 막을 수 있었다. 케네디 대통령의 국가이익을 위한 고뇌에 찬 결단과정과 위기관리 리더십의 중요성을 엿볼 수 있다.

'님은 먼 곳에(Sunny)'는 베트남 전쟁에 참전한 남편을 찾으러 떠난 애틋한 여인의 이야기를 다루고 있다. 당시 동남아 지역에 일고 있던 공산화 확산의 '도미노' 현상을 봉쇄하기 위해 한국은 미국 존슨 대통령의 요청으로 베트남에 군인을 파병하게 되었다. 청룡부대(해병대) 파병을 필두로 파월 군인들의 피땀으로 벌어준 외화를 종자돈삼아 한국은 경제발전을 추진할 수 있었다. 하지만 베트남의 공산화와 미국의 패전, 그리고 전쟁에 참전한 이들이 감당

해야 했던 역경과 고통은 적지 않았다. 또 한미동맹의 재조정은 불가피했으며, 국가와 개인의 이해가 늘 일치할 수 없음을 극명하게 보여준다.

1979년 미국의 우방이었던 이란에서 호메이니를 중심으로 이슬람혁명이 발발하면서 대사관 직원들이 인질로 붙잡혔다. 이중 몇 명은 캐나다 대사관으로 극적으로 피신하게 되는데, 이들을 구출하기 위한 미국 CIA와 요원들의 노력과 헌신을 인간적이고 긴장감 있게 잘 다루는 영화가 '아르고(Argo)'이다. 이란의 국내정세와 미국과 이란의 끈질긴 악연이 시작되는 외교적 단절 관계를 보여준다. 최근 12년 만에 미국과 극적으로 타결된 이란핵 협상이 성공적으로 이루어지면 양국 관계에 새로운 정치적 변화의 가능성을 기대해 볼 수 있을 것 같다.

'007 스카이폴(007 Skyfall)'은 1962년부터 007 살인면허로 시작된 역대 제임스 본드 시리즈와는 달리 탈냉전 상황에서 첩보원의 삶에 대한 '존재론적' 질문을 던진다. 1990년 이후 미국과 소련을 중심으로 냉전체제가 해체되면서 영국의 비밀정보부 MI6와 수장이었던 M의 지위와 위상도 흔들리게 된다. 더욱이 이 영화를 통해 탈냉전 시기 국제사회는 테러와 같은 비대칭안보 위협과 같은 변화된 시대에서 첩보원의 달라진 역할과 활동을 통해 숨겨진 인간적인 고뇌와 내면을 이해할 수 있다.

한편, 영화 '쉬리(Swiri)'는 남북한 첩보요원들의 활약을 중심으로 남북한 분단 상황이 초래할 수 있는 파국의 가능성을 조심스럽게 제기하고 있다. 즉 한반도 분단 현실을 소재로 하여 CTX라고 하는 액체폭탄을 둘러싸고 남한의 정보기관과 북한의 특수 8군단과의 대결을 긴박하게 그린 영화다. 남북한간의 평화협상을 반대하는 북한 강경파의 테러 위협은 늘 존재하는 것이고, 한반도 문제의 평화적 해결에 걸림돌이 될 것임을 잘 표현했다. 분단의 고착화가 지속되는 한반도에서 '화해와 협력'을 추구하는 탈냉전 첩보물의 한국판이라 할 수 있다.

아프리카 해적으로 유명한 소말리아 문제를 보기 드물게 현실적으로 다룬 영화가 '블랙호크다운(Black Hawk Down)'이다. 1992년 내전을 일으킨 반군 지도자를 체포하기 위해 투입된 미군이 반군의 공격으로 헬리콥터(블랙호크)가 격추되는 등 심각한 위험에 처하게 된다. '제1차 모가디슈 전투'를 중심으로 이들의 탈출과정을 다룬 실화를 소재로 한 영화로 '전우애'와 '휴머니즘'이 적절하게 잘 표출됐다. 아프리카 내전의 전개와 평화수호를 위한 미국의 개입이 얼마나 큰 어려움에 처해 있는지를 이해할 수 있다.

특히, '커리지 언더 파이어(Courage under Fire)'는 걸프전을 소재로 진정한 '전우애'를 보여주는 감동적인 영화다. 걸프전은 1991년 이라크의 쿠웨이트 침공에 대응하여 미국을 중심으로 영국 등 연합군이 참전한 전쟁이었다. 탈냉전 시대 국지전의 양상을 잘 드러냈으며, 이라크가 주도한 에너지 자원을 둘러싼 자원전쟁으로도 간주된다. 무엇보다도 여주인공 카렌 월든 대위의 숭고한 '희생정신'은 전쟁의 극한 상황과 포화 속에서 대의를 위해 지도자의 결단과 책임감, 그리고 진정한 용기와 이 시대 영웅의 모습은 무엇인지를 잘 깨닫게 해 준다.

마지막 영화는 한국의 분단 상황을 다룬 것으로 '공동경비구역 JSA(Joint Security Area)'다. 원작인 박상연의 장편소설 'DMZ'를 각색한 영화로 군사분계선 넘어 주인공들인 남북의 초소 군인들 사이에 벌어진 사건을 다루고 있다. 남북 병사들간의 예기치 못한 잘

못된 인간적 만남이 어떻게 비극적 결말로 치닫게 되는지를 극명하게 잘 도출해냈다. 탈냉전기 지구상 유일하게 현존하는 민족 분단의 역사적 산물인 비무장지대와 판문점의 실상도 엿 볼 수 있다. 더불어 영화 속의 가상적 설정을 통해 한반도의 현실과 중립국 감독위원회 활동 등 휴전협정의 기원에 대한 이해를 도모할 수 있다.

지금까지 영화를 통해 역사적 현실을 교육시키는 방법이 없었던 것은 아니다. 문학과 경제학이나 철학 등에서 이미 오래 전부터 영화를 통한 수업이 진행되어 왔고, 나름의 성과를 거둔 것으로 알고 있다. 아울러 정치학 분야에서도 그런 노력이 있어왔다. 이 책 역시 그런 노력의 일환으로 간주될 수 있다. 영화라는 근접하기 쉬운 소재를 매개로 한국과 국제정치에 대한 교육과 이해를 심화시키는 데 작은 도움이 되길 바란다.

많은 학생들처럼 필자 역시 영화를 무척 좋아한다. 하지만 필자는 영화 평론가나 전문가가 아니기 때문에 영화와 관련된 내용들은 각 영화의 홈페이지에 나와 있는 공식 자료를 많이 활용했다. 또 영화배경 설명에 있어서도 기존 자료들을 충분히 활용하여 집필했으며, 일부 내용의 경우 인용표시를 하는 것이 정상적이지만 학생들의 편의를 위해 생략하고 별도의 참고문헌 소개로 대신했음을 밝힌다.

마지막으로 그 동안 이 작은 책자를 만드는 데 아낌없는 조언과 도움을 준 동료들과 소중한 자료를 제공해준 일일이 이름을 나열하기 어려운 많은 분들께 깊이 감사드리며, 고마운 마음을 잊지 않을 것이다. 아울러 영화를 좋아하고, 이 책을 읽어주시는 독자들의 유익한 충고와 질정을 기다리며, 이와 유사한 연구나 강의를 하고 있는 선생님들에게 적잖은 성찰과 도움이 되었으면 한다. 이번에도 어려운 사정에도 불구하고 선뜻 출판에 동의해주고, 늦은 원고에도 묵묵히 기다려주신 도서출판 두남의 모든 관계자분들께 특별한 고마움을 전한다.

2015년 4월 20일
평택대 남북한문제연구소에서
저자 윤지원(구 윤영미)

차 례

'워터 디바이너'The Water Diviner와 갈리폴리전투

기본사항

감독 러셀 크로우(Russell Crowe, 뉴질랜드 출생, 1964~)[1)]

출연배우

러셀 크로우(Russell Crowe): 조슈아 코너 역

올가 쿠릴렌코(Olga Kurylenko): 아이셰 역[2)]

일마즈 에르도간(Yilmaz Erdogan): 핫산 역

제이 코트니(Jai Courtney): 시릴 휴즈 역

제작사 및 배급사

㈜ 더블엔조이 픽쳐스(수입), 롯데엔터테인먼트(배급)

제작년도 및 개봉일 2014년 / 2015년 1월 28일

런닝타임 111분

시놉시스

조슈아(러셀크로우 분)은 호주에서 14,000km나 떨어진 터키에 도착하여 세 아들의 시신을 찾기 위해 동분서주하는 모습.

제1차 세계대전, 터키의 갈리폴리 전투에서 조슈아의 세 아들이 동시에 사망했다. 아내는 우울증을 견디지 못하고 자살했다. 조슈아는 아내의 바람대로 세 아들들의 시신을 찾기 위해 터키로 향한다. 그러나 영국군은 일반인인 조슈아의 갈리폴리 출입을 제재한다.

조슈아는 거처중인 호텔의 여주인의 도움으로 갈리폴리에 갈 수 있게 되고, 그곳의 터키군 소령의 도움으로 아들들의 시신을 탐색할 수 있게 된다. 조슈아는 아버지의 느낌으로 아들들의 누운 자리를 찾을 수 있었다.

그러나 첫째 아들의 시신은 찾을 수 없었고, 대신에 포로수용소에 끌려갔다는 소식을 듣게 된다. 모두가 아들이 살아있을 것이라 생각하지 않았기 때문에, 조슈아는 아들에게 어떻게 찾아갈지 까마득했다. 그리고 그 사이 호텔 여주인을 다시 만난다. 그녀 또한 갈리폴리에서 남편을 잃었다.

터키군 소령의 도움으로 아들이 있다는 곳으로 향할 수 있게 되었고, 어느 마을에서 직감적으로 아들이 그곳에 있다는 걸 알게 된다. 그리고 첫째 아들, 아서를 만난다. 아서는 자신 때문에 동생들이 죽었다는 죄책감에 아버지와 떠나길 거부하지만, 조슈아의 간곡한 부탁으로 함께 떠나게 된다. 그리고 조슈아는 아들과 함께 다시 호텔을 찾았고, 호텔여주인과 만난다.

주요대사

핫산 소령: "아들을 찾아 나선 유일한 아버지니까요."
"절대 잊지 말아야 할 것들이 있다네."
"페르시아 말 중에 이런 게 있습니다. '당신 자식보다 오래 살아라'는 언뜻 보기엔 칭찬이지만 사실은 최악의 저주입니다."

조슈아 코너: "내 고향에서 희망은 공기 같은 거예요."

영화의 배경

제1차 세계대전

제1차 세계대전은 1914년 7월 28일부터 1918년 11월 11일까지 유럽을 중심으로 전개된 전쟁을 일컫는다. 통상 제1차 세계대전의 근본적인 원인은 제국주의의 팽창으로 보는 견해가 많다. 보다 즉각적인 원인으로는 1914년 6월 28일 발생한 사라예보 암살사건이었다. 이 사건은 오스트리아의 황태자 페르디난트 대공 부부가 세르비아인에게 암살을 당한 사건으로써 사건 발생 직후, 오스트리아는 세르비아에게 사건의 책임을 물어 선전포고를 했다.

제1차 세계대전의 주된 특징은 '참호전'의 등장이다. 당시 과학기술의 발달은 기관총과 같은 신무기의 등장으로 이어졌고, '돌격전'과 같은 구시대의 전투방식은 더 이상 통할 수가 없었다.

1914년 7월 28일 오스트리아가 세르비아를 침공하면서 제1차 세계대전의 서막이 올랐다. 오스트리아는 독일, 헝가리와 동맹을 맺고 있었고, 세르비아는 후견국인 러시아와 동맹국 프랑스의 지지를 받고 있는 상황이었다. 이에 독일은 러시아와 프랑스에 선전포고를 하고 프랑스를 침공하기 위해 중립국인 룩셈부르크와 벨기에를 먼저 침공하고 프랑스로 진격하고자 했다. 그러나 이러한 상황에서 영국이 중립국을 침공했다는 이유를 내세워 프랑스의 편에

가담하고 독일에 선전포고를 했다. 이로써 전쟁은 '3국 동맹과 3국 연합'의 구도로 진행되기 시작했다.

전쟁이 진행되면서 경제력과 군사력이 월등한 연합군측이 점차 승기를 잡아가게 되었다. 러시아는 내부에서 혁명이 발생하고 독일의 지원을 받는 레닌이 귀국하여 제정 러시아가 붕괴되고 세계 최초의 공산국가로 전환되었다. 정권을 잡은 레닌의 러시아는 독일과 종전협정을 체결하고 전쟁을 종결시켰다.

러시아와의 종전협정 체결로 독일은 동부전선에 대한 부담에서 벗어날 수 있었다. 그러나 문제는 독일이 서부전선에 남은 역량을 쏟았으나 독일의 공격이 계속해서 실패로 돌아가고 있었다는 점이다. 이렇게 독일의 군사력이 소진되고 있는 가운데, 미군이 전쟁에 참전하게 되고, 미군의 증원을 얻은 연합군이 전쟁의 기선을 제압하기 시작했다. 1918년 11월 독일이 마침내 연합군에게 항복하게 됨으로써 제1차 세계대전의 막이 내리게 되었다.

갈리폴리 전투

갈리폴리 전투는 제1차 세계대전에서 가장 참혹했던 전투로 평가받고 있다. 기본적으로 제1차 세계대전은 영국, 프랑스 등의 연합국과, 독일, 오스트리아, 헝가리 등의 동맹국들 간에 치러진 전쟁이었다. 연합국 진영에는 당시 영국의 연방이었던 호주와 뉴질랜드의 지원병도 참가하였다. 이때의 지원병들로 구성된 부대를 앤잭군(Anzac)이라고 한다.[3] 이와 달리, 독일을 중심으로 한 동맹국 진영에는 당시 터키 제국이 합류하였다.

1914년 제1차 세계대전이 발발할 때까지, 터키는 전쟁에 참여하지 않고 중립을 지키고 있었다. 그러나 전통적으로 터키의 적대국이었던 러시아가 전쟁에 참전하게 되면서 터키 또한 독일의 편에서서 전쟁에 참전하게 된 것이다.

1916년 6월 호주 제2사단 병력이 적의 공격에 대비하고 있는 모습.

여러 전쟁사에서 목격되는 바와 같이, 당시 영국은 전쟁이 몇 주 안에 신속하게 종결될 것이라고 판단하고 있었다. 그러나 당초 예상과 달리 전쟁이 교착상태에 빠지고 있었고, 이러한 상황에서 터키마저 독일과 동맹을 체결하면서 영국의 고민은 더욱 깊어지고 있었다. 더욱이 독일이 터키에 군사고문단을 파견하면서 터키군이 현대식 무기로 무장하는 등 군사력이 점차 증강되자 영국이 더 이상 그대로 두면 안 되겠다고 판단하기 시작했다. 터키군의 성장을 그대로 방치할 경우 러시아 전선에도 영향을 미치게 될 것이고, 이렇게 될 경우 전쟁의 전체 양상이 불리하게 진행될 가능성이 높았기 때문이다.

영국은 터키를 공격하기로 결정했다. 터키를 공격하여 독일과의 동맹관계를 청산시키고, 이를 통해 러시아 전선을 지원한다는 것이 당시 영국 정부가 수립한 주요 목표였다. 이 전투의 작전을 주도한 것은 당시 해군장관이었던 윈스턴 처칠이었다. 그는 영국과 프랑스의 해상전력을 동원해 다르다넬스(Dardanelles) 해협을 지나 곧바로 터키의 수도인 이스탄불로 진격한다는 작전을 수립했다. 그러나 처칠은 영국과 프랑스의 함대전력을 지나치게 과대평가함으로써 작전계획에 중대한 오판을 내리고 있었다.

영국과 프랑스의 함대가 다르다넬스 해협을 안전하게 통과하기 위해서는 해협 양편에 포진한 터키의 해안포대와 진지를 무력화시키는 것이 선행될 필요가 있었다. 이를 위해서는 해군은 물론, 육군의 전력이 수반되어야만 했다. 그러나 처칠은 이를 해군 단독의 전력만으로 제압할 수 있다고 판단했다.[4)]

1915년 2월 19일과 2월 25일, 영국과 프랑스의 함대가 다르다넬스 해협에 진입하면서 양측의 전투가 개시되었다. 그러나 처칠의 판단과 달리, 터키군의 저항은 격렬했고 영국과 프랑스의 함대는 다르다넬스 해협에서 심각한 피해를 입게 되었다. 작전 실패의 책임을 지고 처칠이 사임했고, 영국 정부는 새로운 작전계획을 수립하기 시작했다.

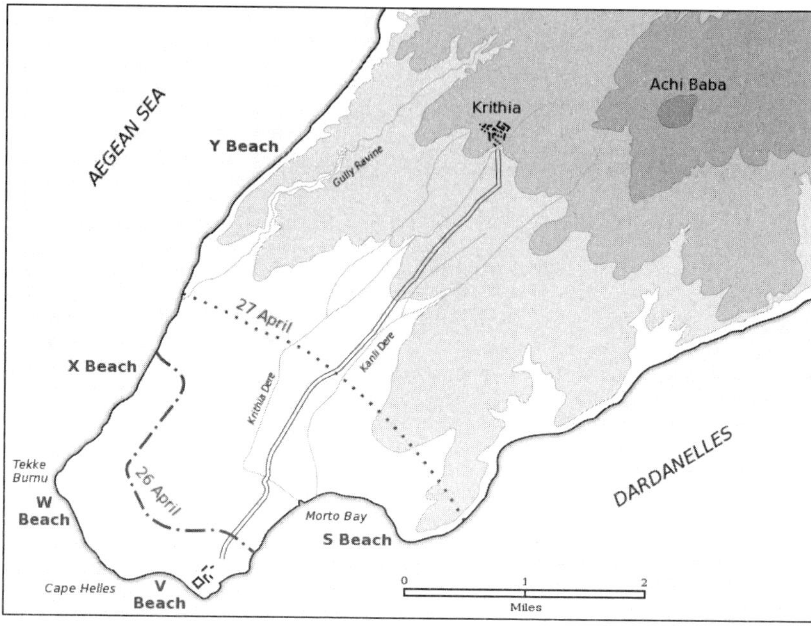

갈리폴리반도의 지형과 전투상황.

이 전투에서 터키군의 피해도 막심했다. 그렇기 때문에 일부에서는 영국이 신속하게 추가 공격을 감행했다면 갈리폴리 전투의 패배로 이어지지 않았을 것이라고 주장하기도 한다. 실제로 당시 영국과 프랑스 함대와의 전투에서 다르다넬스 해협에 주둔 중인 터키군은 극심한 피해와 함께 탄약과 물자마저 바닥이 난 상황이었다. 그러나 영국정부가 호주와 뉴질랜드 군을 주축으로 다시 갈리폴리 해안에 상륙작전을 감행한 것은 같은 해 4월 25일이었다.[5)] 이미 이때는 터키군이 부족한 탄약과 물자, 그리고 8만 명 이상의 병력을 다르다넬스 해협에 집중시킨 뒤였다.

상륙작전에 나선 연합군은 터키군의 격렬한 저항에 곤경에 처하게 되었다. 이 전투에서 단연 돋보였던 인물은 이후 터키의 대통령에 취임하는 케말 무스타파 대령이었다. 그가 이끄는 19사단의 활약에 연합군은 전진도 퇴각도 하지 못하는 고립된 상황에서 벗어나지 못하고 있었다.

영국은 이후에도 3차례에 걸쳐 대공세를 시도했지만, 터키군을 함락시키지 못하고 막대한 인적·물적 피해만 입은 채, 1916년 1월 갈리폴리에서의 철수를 단행하였다.

이처럼 갈리폴리 전투는 1915년 4월에서 1916년 1월까지 터키의 갈리폴리 반도에서 벌어진 연합군의 상륙작전과 이후에 전개된 연합군대 터키군의 전투를 일컫는다. 연합군 측이 갈리폴리를 차지하기 위해 공격했던 것은 이 지역이 터키의 영토 중 유럽대륙 쪽으로 진출할 수 있는 위치에 있었기 때문이다. 연합군은 갈리폴리를 함락시키기 위해 상륙작전을 감행했고, 여기에는 호주와 뉴질랜드의 지원병으로 구성된 앤잭도 포함되어 있었던 것이다. 영화 워터 디바이너의 배경은 이 갈리폴리 전투였고, 주인공 코너의 세 아들은 호주 출신의 지원병으로서 앤잭군에 편입되어 있었다.

터키의 입장에서도 갈리폴리는 어떤 경우라도 사수해야만 중요한 전략적 거점이었다. 이곳이 함락되면 터키의 수도인 이스탄불이 적들의 사정권에 들어가게 되고, 그렇게 되면 나라의 운명조차 장담할 수 없기 때문이다. 따라서 연합군의 공격에 대한 터키의 저항도 만만치가 않았던 것이다.

약 25만 명이 희생자를 기록한 갈리폴리 전투는 오늘날까지 현대 전쟁사에서 가장 실패한 상륙작전으로 기록되고 있다.

함께 생각해보기

- 제1차 세계대전이 발발한 주요 원인은 무엇인가?
- 왜 호주 병사들이 터키 갈리폴리에서 싸워야 했나?
- 25만 명이라는 엄청난 희생자가 발생한 이유는 무엇인가?
- 터키에서 혁명이 발생한 이유는 무엇인가?
- 왜 그리스와 터키는 싸웠는가?

'고지전'The Front Line과 6·25전쟁

기본사항

감독 장훈(1975~)[1]

출연배우

신하균(강은표 역)[2]　　고 수(김수혁 역)[3]

류승룡(현정윤 역)[4]　　김옥빈(차태경 역)

제작년도 및 개봉일 2011년 / 2011년 7월 20일

런닝타임 133분

시놉시스

1953년 2월 6·25전쟁의 조기 종결을 둘러싸고 연합군과 공산권의 휴전협상이 전개되는 가운데, 한반도에서는 38선을 사이에 두고 여전히 일진일퇴의 제한전이 계속되고 있었다. 이 가운데 동부전선 최전방 애록고지에서 전사한 중대장의 시신에서 한국군의 총알이 발견되었다. 이를 두고 한국군 상부에서는 이 사건이 아군이 적과 내통하고 있다고 의심하고 방첩대 장교 중위 강은표를 동부전선으로 파견한다.

영화 '고지전'은 한국전쟁의 휴전협정 기간 중, '애록고지'를 점령하기 위한 전투에서 무수히 죽어간 병사들을 조명하고 있는 전쟁 휴머니즘 영화이다. 휴전협정이 체결되었다는 소식에 개천에 맥을 감던 국군이 인민군을 발견하고 긴장하는 모습.

애록고지로 향하는 강 중위는 그 곳에서 친구 김수혁과 재회한다. 유약했던 수혁은 전쟁 2년 만에 중위로 특진하였고, 악어중대의 실질적인 리더가 되어 있었다. 전임 중대장의 미심쩍은 죽음을 수사하기 위해 파견된 강 중위는 악어부대와의 생활 속에서 여러 가지 혼란에 휩싸이게 된다. 친구 김수혁 중위의 존재, 몰핀 중독에 빠진 임시 중대장 신일영 대위, 사람이 쓰러지고 2초 뒤에 총성이 들린다는 공포의 2초로 불리는 북한군 저격수 등……. 그리고 고지 탈환을 위해 무자비한 살육전을 감행하면서도 적과 몰래 교감을 나누는 악어중대의 분위기를 접하게 된 것이다.

이러한 혼란스러운 상황에도 불구하고 휴전은 여전히 요원했고, 남북은 휴전 이전에 한 치의 영토라도 더 차지하기 위한 살육전을 거듭하고 있었다. 강 중위는 이곳에서 한국군의 상태에 놀라고, 동시에 너무나도 많은 사람들이 희생되는 전쟁의 실태에 충격을 받게 되며 전쟁의 의미에 대해 고민하기 시작한다.

주요대사

현정윤: "너희가 왜 자꾸 지는 줄 아니? 왜 싸우는지 모르기 때문이다. 고향으로 보내라. 해방조국에서 만나자."

김수혁: "우리는 빨갱이가 아니라 전쟁이라 싸우는 것이다."

신일영: "악어는 50개 정도 알을 낳는데, 대부분은 죽고, 고작 한두 마리가 어른 악어로 자란다. 그 한두 마리가 늪을 지배한다. 그게 악어다. 2년 6개월 동안 50만 명이 죽었다. 우리가 악어다. 우리가 지배한다. 12시간만 버티자. 살아서 집에 가자."

강은표: "왜 싸우는 거냐?"

현정윤: "내가 확실히 알고 있었다. 그런데, 너무 오래되어서 잊어버렸다."

영화의 배경

인민군의 일방적인 공격으로 후퇴하던 미군이 마산 주변 고개에서 인민군과 싸워 첫 승리를 얻게 된다. 사진은 마산전투 M20 무반동총을 인민군에게 발사하고 있는 모습.

6·25전쟁의 발발과 전개과정

6·25전쟁은 1950년 6월 25일 새벽 4시 북한의 전면적인 남침으로 시작된 전쟁이다. 개전 초기 북한의 남진은 신속하게 이루어졌다. 북한은 그날 오전 9시경 개성 방어선을 무너뜨리고, 동두천에 이어 오후에는 포천까지 함락시켰다. 6월 26일에는 의정부를 27일에는 서울 도봉구의 창동 방어선을 넘어서고 있었다.[5)]

전쟁 발발 3일 만에 서울은 북한에 함락되었다. 이 시기 이승만 정부는 대전, 대구를 거쳐 부산까지 피난하였고, 이 과정에서 북한군의 저지를 위해 한강대교를 폭파시키기도 했다.

전황을 역전시키기 위해 이승만 정부가 꺼내든 카드는 한국군에 대한 작전지휘권을 미국에게 넘겨주는 것이었다. 전쟁 발발 직후, 미국은 유엔에서 안전보장이사회를 소집하여 한국전쟁에 관해 논의했다. 그리고 6월 27일 유엔안전보장 이사회는 북한에게 한국에서의 철수를 권고했고, 동시에 한반도의 평화와 안정을 회복하는데 필요한 지원 조치를 의결했다. 유엔 안전보장이사회의 의결에 따라 미국을 비롯한 16개국이 한국전쟁에 참전하게 되었다.

북한의 남진도 계속되고 있었다. 대전까지 남진한 북한군은 계속해서 경북 왜관, 영천, 포항 등으로 진격을 계속했다. 한국군은 유엔군과 함께 낙동강을 최후의 방어선으로 삼고 반격을 개시하였다.

1950년 9월 15일 인천상륙작전이 성공하면서 전세가 역전되기 시작했다. 9월 28일 한국군과 연합군은 서울을 수복하였다. 그리고 후퇴하는 북한군을 공격하며 북진하여 10월 10일 원산, 10월 19일 평양을 함락시켰다. 11월이 되자 한국군과 연합군은 두만강 일대까지 북진하고 있었다.

한국군과 연합군의 북진이 계속되는 상황에서 중공이 참전을 결정했다. 이로써 6·25전쟁은 새로운 국면으로 전환되고 있었다. 10월 19일 중공이 압록강을 통해 한반도로 진입하며 전세는 다시 역전되고 있었다. 연합군과 한국군은 중공군의 기세에 밀려 12월 4일 평양에서 철수하고, 12월 9일에는 원산에서도 퇴각했다. 12월 14일~24일 동안 한국군 12만 명과 피난민 10만 명이 흥남부두에서 바다를 통해 퇴각했다. 1951년 1월 4일 북한군은 다시 서울을 함락시켰고, 1월 7일에는 수원까지 진격하였다.

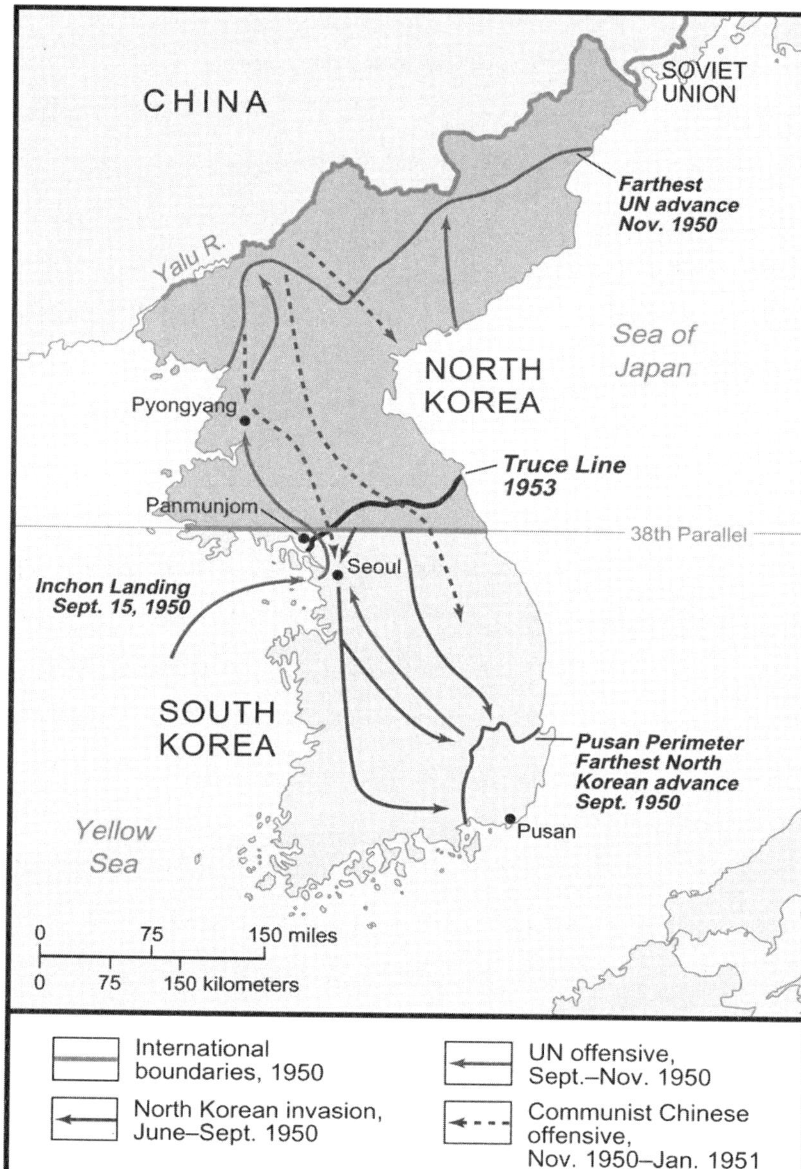

The Korean War, 1950~1953

연합군과 한국군이 재차 반격하며 1951년 3월 14일 서울을 되찾을 수 있었다. 그리고 이후의 전쟁은 38선을 사이에 두고 일진일퇴하는 모습을 보이고 있었다. 6·25전쟁에 중공이 개입하고, 여기에 전쟁마저 장기화될 조짐을 보이기 시작하자 한국전쟁을 서둘러 종결시키고자 했다.

미국은 이승만 정부의 강력한 반대에도 불구하고 북한과, 중공을 상대로 휴전협상을 개시하였다. 1951년 7월부터 휴전협상이 본격적으로 시작되었다. 그러나 휴전협상이 계속되는 가운데서도 전쟁은 제한적으로 계속되고 있었다. 이러한 제한전쟁의 형태가 이후에도 2년간 지속되었다. 영화 고지전은 6·25전쟁의 시작과 전개과정이 아닌 전쟁의 종결과정에 주목하고 있는 영화이다.

6·25전쟁의 성격과 특성, 그리고 고지전

고지전이 기존 한국 영화와 극명하게 차별되는 점은 6·25전쟁의 발발과 전개과정이 아닌 전쟁의 종결과정에 주목하고 있다는 점이다. 휴전협상이 진행되는 가운데, 한 치의 영토라도 차지하기 위해 치열하게 전개되었던, 그리고 그 속에서 희생자들을 조명하고 있는 것이다.[6] 실제로, 6·25전쟁은 총 400만 명 이상의 희생자가 발생한 전쟁으로 기록되고 있으며, 희생자 중 300만 명 이상은 휴전협상이 전개되는 가운데 발생한 수치였다는 점은 놀라운 일이다.[7]

이처럼 6·25전쟁은 한국역사에서 가장 참혹했던 비극의 역사로 기억되고 있다. 국내전이면서 동시에 국제전의 형태로 전개되었던 6·25전쟁은 전쟁의 완전한 종결이 아닌, 임시적인 정전체제로 마무리되면서 불완전한 전쟁으로 남아있다.

함께 생각해보기

- 6·25전쟁은 어떻게 전개되었는가?
- 6·25전쟁에서 고지전이 발생한 이유는 무엇인가?
- 휴전협정이 2년씩이나 지연된 이유는 무엇인가?
- 휴전협정의 주요 내용은 무엇인가?
- 대한민국이 궁극적으로 휴전협정에 참여하지 않은 이유는 무엇인가?

'D-13' Thirteen Days과 쿠바 미사일 위기

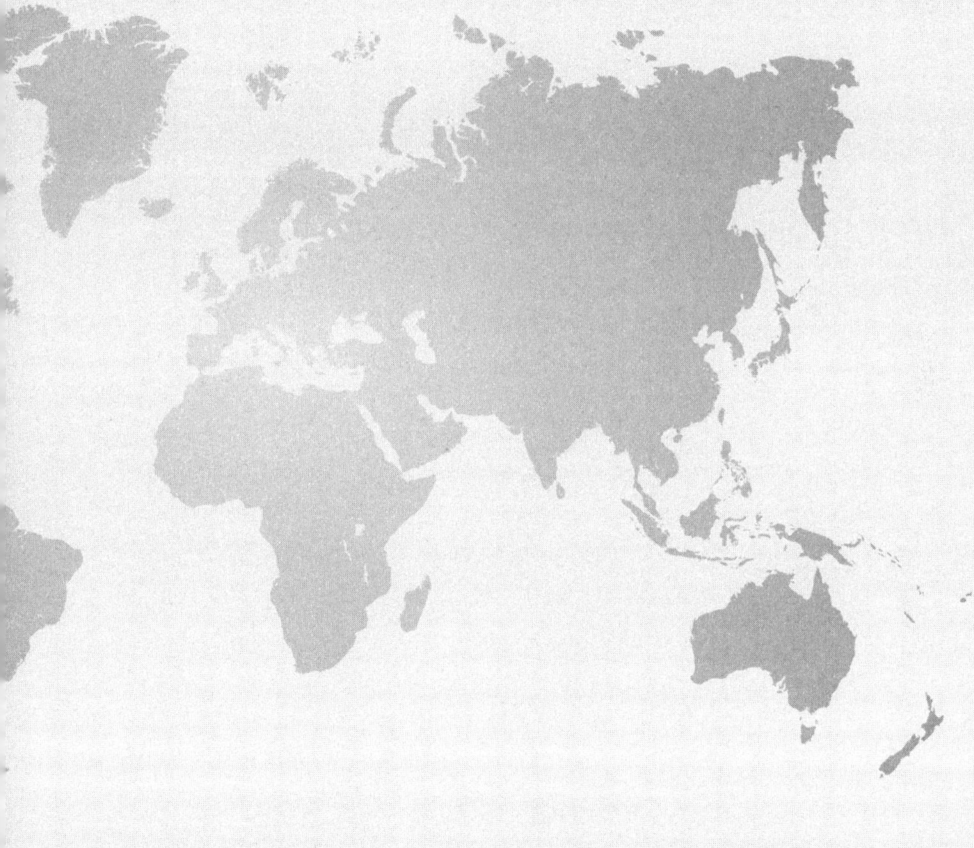

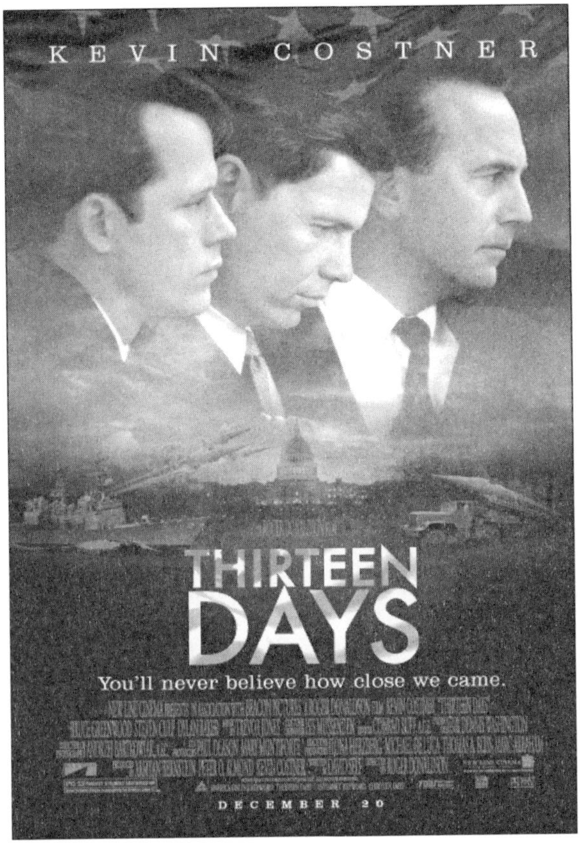

기본사항

감독 로저 도널드슨(Roger Donaldson, 호주 출생, 1945~)[1)]

출연배우

케빈 코스트너(Kevin Costner/보좌관, 케니 오도넬 역)[2)]

브루스 그린우드(Bruce Greenwood, 존 F 케네디 대통령 역)

스티븐 컬프(Steven Culp, 로버트 F 케네디 역)

렌 카리우(Len Cariou, 딘 애치슨 소련 전문가 역)
헨리 스트로지어(Henry Strozier, 딘 러스크 국무장관 역)
딜란 베이커(Dylan Baker, 로버트 맥나마라 국방장관 역)
프랭크 우드(Frank wood, 맥조지 번디 국가안보고문 역)
스테파니 로마노브(Stephanie Romanov, 재클린 케네디 역)

개봉일 2000년 6월 2일

런닝타임 117분

시놉시스

1962년 10월 16일, 미 공군의 U-2 정찰기가 쿠바 상공에서 핵미사일 기지가 건설되고 있음을 포착한다. 국가안보고문인 맥조지 번디는 백악관으로 들어와 존 F. 케네디 대통령에게 쿠바에서 건설 중인 핵미사일 기지에 대해 보고했고, 케네디 대통령은 쿠바 미사일 기지를 촬영한 사진을 검토하기 시작한다. 백악관은 비상사태에 대응할 수 있는 체제로 전환되고 있었다.

긴급하게 소집한 국무회의에서 케네디 대통령은 쿠바에 설치 중인 소련제 미사일이 SS-4라는 지대지 탄도미사일이며, 사정거리 1000마일, 발사 5분 만에 워싱턴에 도착할 수 있다는 보고를 받게 된다. 이 자리에서 맥스웰 테일러 합참의장은 이 사건은 명백한 소련의 선제공격이라고 주장했고, 딘 러스크 국무장관은 국제적 압력을 가한다거나 그렇지 않으면 공군력을 사용해 선제 타격하는 두 가지 방안을 제시했다. 국방장관 로버트 맥나마라는 미사일 설치가 완성되기 이전에 선제 타격해야 한다고 주장하기도 했다. 각료들의 주장과 달리 대통령의 선택은 쉽지 않았다. 어떤 조치를 취하더라도 최악의 경우, 물리적 충돌은 물론 제3차 세계대전으로의 확전까지 감안해야 했다. 만약 이 미사일이 실제 발사로 이어질 경우, 미국 본토의 파괴는 물론 나아가 제3차 세계대전으로 이어질 가능성이 충분했기 때문이다.

케네디 대통령은 동생인 로버트 F. 케네디와 보좌관 케네스 오도넬을 중심으로 EXCOM으로 불리는 비상대책위원회(Executive Committee of the National Security Council)를 가동하여 대책 마련에 나서게 된다. 그러나 이 문제의 해결책에 대한 의견은 내부에서조차 합의를 이루지 못하고 있었다.

합참의장을 중심으로 하는 군부는 처음부터 강경한 조치를 주장하고 나섰다. 공중 타격에 이어 지상군까지 투입하여 카스트로 정권을 완전히 전복시켜야 한다는 것이 군부의 입장이었다. 소련 전문가로 초빙된 딘 애치슨마저 쿠바와 소련에 대응하기 위해서는 강력한 조치가 수반될 필요가 있다는 주장을 전개하며 군부의 입장에 힘을 실어주고 있었다.

이 문제에 대한 해결책이 합의에 이르지 못하고 있는 상황에서 쿠바의 미사일은 40기를 넘어서게 되고, 상황은 점점 더 악화되고 있었다. 다시 공군참모총장과 합참을 중심으로 한 군부는 공중폭격을 재차 건의하기 시작했고, 대통령이 생각하고 있는 봉쇄와 외교적 조치는 국제사회에서 미국의 지위와 영향력을 훼손하는 조치일 뿐이라고 주장을 굽히지 않고 있었다. 호전적인 군부의 주장에 케네디 대통령은 신중한 판단을 내리기 위해 노력했다. 공중타격과 외교적 협상이라는 상이한 주장 속에 백악관 내부의 강경파와 온건파의 대립은 더욱 커져만 가고 이러한 상황에서 전 세계인들은 제3차 세계대전의 공포에서 자유로울 수 없었다.

주요대사

케니: "만약 내일도 태양이 뜬다면, 그건 선한 이들의 의지 덕분이겠지, 선의란 악마와 우리 인간 사이에 있는 것이지."

영화 마지막 장면에 삽입된 '케네디 대통령 연설':

"어떤 평화를 찾아야 합니까, 진실한 평화, 이 땅에 사는 모든 생명에게 의미를 부여하는, 단지 우리 시대만이 아닌 영원한 평화, 문제는 사람이 일으키는 것으로 사람이 해결할 수 있습니다. 그러므로 우리의 기본적 공통점은 우리가 이 작은 행성에 공존하고 같은 공기를 마시며, 똑같이 2세들의 미래를 소중해 하는 인간들이란 것입니다."

영화의 배경

쿠바 미사일 위기

1959년 피델 카스토로와 체게바라에 의해 쿠바혁명이 성공했다.[3] 새롭게 등장한 쿠바의 사회주의 정부는 당시 20억 달러에 육박하는 미국인 투자자산을 몰수했고, 미국은 쿠바에 대한 경제제재 조치를 취하며 대응했다. 그리고 이 사건 이후, 미국과 쿠바의 국교는 단절된다. 쿠바 내부에서는 토지개혁과 일련의 국유화 작업이 계속되고 있었다. 그리고 이 와중에 약 70만 명의 쿠바인이 미국으로 망명하게 된다.

미국 정부는 쿠바라는 사회주의 국가의 건설을 용인할 수 없었다. 이에 미국 군부와 CIA를 중심으로 망명한 쿠바인들로 구성된 군대를 조직하여 1961년 4월 17일 피그만에 상륙시켰다. 그러나 상륙한 군인들 대부분이 쿠바혁명군에 의해 생포되면서 이 작전은 참담한 실패로 돌아갔다.[4] 그리고 이 작전을 승인했던 케네디 대통령과 민주당 정부는 정치적으로 큰 타격을 입게 되었고, 국제적으로는 세계사적 차원에서 전개되고 있던 냉전체제와 함께 미국과 쿠바 간의 군사적 긴장관계는 더욱 높아지게 되었다.

쿠바는 소련의 지원을 통해 미국에 대응하고자 했다.[5] 1962년 9월 쿠바는 소련과 무기원조협정을 체결하면서 소련제 미사일을 도입하기 시작했다. 1962년 10월 16일 미국이 확인한 미사일도 쿠바가 소련과의 무기원조협정 이후 도입하기 시작했던 미사일이었다.

쿠바의 미사일 기지에 대한 해결책을 고심한 끝에 케네디 대통령은 쿠바 해상봉쇄조치를 취하기로 했다. 그러나 당시 케네디 정부는 끝까지 전쟁을 피하고자 했다. 이때부터 미국 케네디 대통령과 소련의 후르시초프 서기장 사이의 정치적 협상이 긴박하게 진행되기 시작했다.[6] 그리고 이 기간에 진행되었던 사건을 흔히 '쿠바 미사일 위기', 또는 '쿠바 미사일 사태'라고 한다.

쿠바 미사일 위기를 촉발한 소련 서기장 흐루시초프와 미국 대통령 케네디를 풍자한 만화.

쿠바 미사일 사태는 케네디 대통령과 후르시초프 서기장의 협상에서 소련은 미사일 기지를 철수하고 미국은 터키의 안전을 보장한다는 약속이 이루어지면서 마무리되었다. 그러나 이 문제의 처리과정에서 소련의 미사일 수송기가 쿠바해상 인근에 접근하고, 미국의 U-2 정찰기가 격추되는 등 위기가 고조되기도 했다. 이로 인해 쿠바 미사일 사태는 냉전기간 중 양국 간의 핵전쟁 발발 가능성이 가장 고조되었던 시기로 평가받기도 한다.

냉전(Cold War)

냉전은 제2차 세계대전 이후 미국과 소련이라는 양 진영과 이들의 동맹국들 사이의 갈등과 긴장, 경쟁과 대립상태가 이어진 시기를 일컫는 용어이다. 무기를 들고 싸운다는 의미의 열전(hot war)과 반대되는 의미로 1947년 버나드 바루크가 냉전이라는 용어를 사용하면서 알려지기 시작했다.

냉전의 시작은 제2차 세계대전의 종결 이후였다. 제2차 세계대전에서 나타났던 미국과 소련의 협력관계는 전쟁에 참여하는 국가들 간의 역학관계가 반영된 결과물이었다. 서로 상이한 체제를 신봉하는 양 국의 협력체제는 전쟁의 종결과 함께 와해될 수밖에 없는 운명이었다.

제2차 세계대전이 종결된 이후 소련은 해방된 동유럽의 모든 국가에서 사회주의 정부를 건설했다. 동유럽에서의 영향력을 확대하고 독일과 서방 국가들의 군사적 위협에 대비하고자 한 조치였다. 궁극적으로는 공산주의 체제를 세계적으로 확산시키고자 하는 의도에서 비롯된 조치들이었다.

미국의 대응도 유사한 목적에서 비롯되고 있었다. 미국은 마셜 플랜을 가동시키며 서유럽을 자국의 영향력 아래에 두려고 했다. 이렇게 유럽은 미국과 소련이라는 두 진영의 각축장으로 변모하기 시작했다. 냉전은 바로 이러한 두 체제의 대치상태를 지칭하는 것이다.

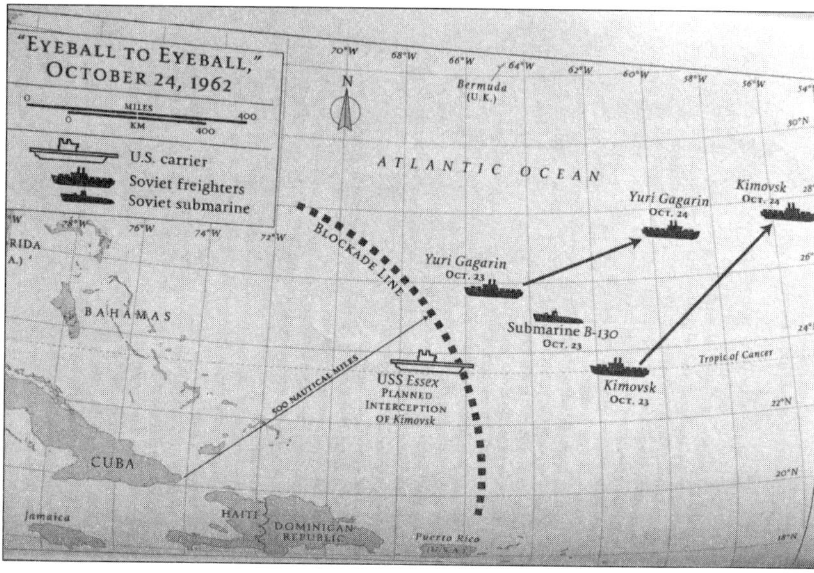

쿠바 미사일 위기 당시, 쿠바로 가는 소련 화물선을 정찰하는 미군 정찰기의 모습.

1948년부터 시작된 냉전체제는 소련이 독자적 핵무기 개발에 성공함으로써 군사적으로 미국에 대응할 수 있는 전력을 구축하기 시작하면서 더욱 강화되기 시작했다. 소련의 군사력 증강에 대비하여 미국은 1949년 NATO(북대서양조약기구)를 설립하여 유럽에서의 군사동맹체제를 수립하는 방식으로 대응했다.

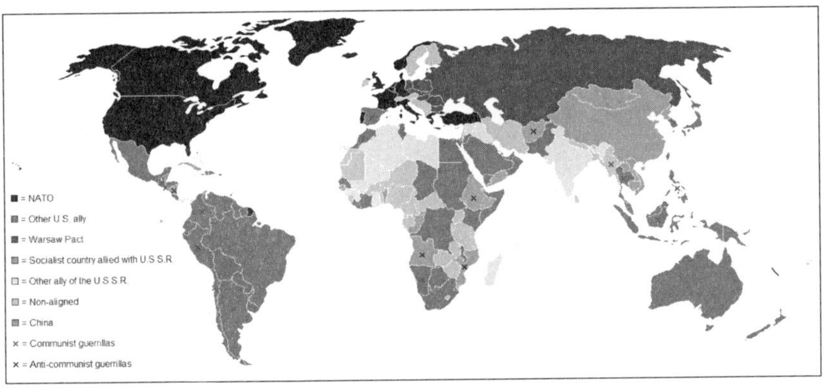

냉전 시기(1980년) 미소 동맹국들의 세력 지형.

1948년 소련의 베를린 봉쇄, 1949년 중국의 공산당 정권 수립, 1950년의 6·25전쟁을 지나면서 양 진영의 대립상태는 더욱 견고해지고 있었다. 1955년 소련은 나토에 대항하여 바르샤바 조약기구를 설립했다.

미국과 소련은 국제사회에서 자신의 영향력을 확대하기 위해 지속적인 노력을 전개했다. 양국 진영 내부의 국가들에게 군사, 경제 원조 등을 제공한다거나, 동맹을 체결함으로써 이들 국가들에 대한 자국의 영향력을 극대화하고자 했다.

미국과 소련의 대립으로 상징되는 냉전구조는 1960년대에 접어들면서 미·소 두 나라가 핵무기와 장거리 미사일 개발 등과 같은 군비경쟁에 본격적으로 나서게 되었고, 더욱 첨예한 갈등상황으로 치닫고 있었다. 소련이 쿠바에 핵미사일 기지를 건설하고자 하는 의도에서 시작된 1962년 쿠바 미사일 위기는 이러한 군비경쟁 갈등으로 구체화된 사건이었다. 1962년의 쿠바 미사일 위기는 상대적으로 미국에 비해 열세였던 소련이 굴복하면서 일단락되었지만, 당시의 냉전체제가 가지는 위험성을 보여준 대표적인 사건이었다.

견고하기만 했던 냉전체제는 1960년대 후반, 유럽과 일본의 경제성장, 미국의 상대적 국력약화에 의해 다소 변모되기도 했다. 1972년 닉슨 대통령의 중국 방문은 데탕트 시대의 시작을 알리는 사건이었다.

데탕트의 시대를 지나면서 제2차 세계대전 이후의 국제사회를 상징했던 냉전체제는 1980년대 후반에 접어들며 소련 연방의 몰락, 베를린 장벽의 붕괴 등이 이어지면서 완전히 와해되었다.

함께 생각해보기

- 쿠바혁명에 미국이 반대한 이유는 무엇인가?
- 소련이 쿠바에 미사일 기지 건설을 추진한 이유는 무엇인가?
- 케네디 대통령을 비롯한 미국 행정부의 쿠바 미사일 기지에 대한 입장은 무엇이었나?
- 케네디 대통령이 가장 우려했던 것과 핵전쟁이라는 파국으로 치닫지 않고 평화를 지켜낼 수 있었던 것은 무엇 때문인가?
- 쿠바 미사일 위기 이후 미국과 소련과의 관계는 어떻게 되었나?

'님은 먼 곳에'Sunny와 베트남전쟁

기본사항

감독 이준익(한국, 1959~)[1]

출연배우

수　애(시골 아낙 순이, 가수 써니 역)[2]

정진영(밴드리더 정만 역)[3]　　정경호(용득 역)

주진모(성찬 역)　　신현탁(철식 역)

제작년도 및 개봉일 2008년 / 2008년 7월 23일
런닝타임 126분

시놉시스

순이는 시어머니와 함께 생활을 하는 시골 아낙이다. 그녀의 취미는 노래를 부르는 것이다. 순이는 시어머니의 성화로 군대에 있는 남편을 보러 정기적으로 면회를 가지만, 남편은 그녀를 사랑하지 않는다. 순이도 남편을 사랑하는지 알 수 없지만, 적어도 의지해야 할 상대라고는 생각한다.

남편은 군대에서의 싸움으로 베트남전에 차출되고, 그 사실을 가족에게 알리지 않는다. 갑작스럽게 소식을 접한 순이는 남편을 찾아 베트남에 가기로 결심하고, 그녀의 장기를 살려 밴드의 보컬 써니가 되어 베트남의 국군부대를 돌며 위문공연을 한다.

순박한 시골 아낙이던 순이는 자신의 끼를 발휘하는 써니가 되어간다. 그럼에도 불구하고, 그녀는 늘 남편을 그리워하며 찾기 위해 애를 쓴다. 순이는 남편을 찾는 여정 속에서 점점 더 남편을 그리워하는 자신을 발견한다. 그리고 영화의 막바지 전장에서, 순이는 남편을 만나고, 반가움을 느끼지만, 자신을 그렇게 힘든 세월에 빠지게 한 남편에게 섭섭함의 표현으로 뺨을 때린다.

주요대사

남편: "니 내 사랑하나?"

써니(순이): "사랑한다고 말할걸 그랬지. 님이 아니면 못 산다 할 것을."

베트남 장교: (국군이 평화를 지키러 왔다고 하자) "What does peace mean to you?"

영화의 배경

베트남 전쟁의 발발과 전개과정

제국주의 시절 베트남은 프랑스의 식민지였다. 제2차 세계대전이 진행되는 가운데, 일본이 베트남을 점령하게 되고 일본은 남아 있던 프랑스 세력을 완전히 제거하고 베트남에 친일정권을 세우고자 했다. 이때 베트남 내부에서는 호치민을 중심으로 일본에 저항하고자 하는 움직임이 나타나기 시작했다. 1941년 호치민은 베트남독립전선을 결성하고 일본에 저항하기 시작했다. 1945년 일본이 패망하자 호치민은 독립을 선언하고 프랑스 정부와 협상을 시도하지만, 협상은 결렬되고 베트남과 프랑스의 전쟁이 시작되었다. 이것이 제1차 베트남 전쟁이다.

1965년 3월 미 육군 소속 무장 헬기들이 남베트남 지상군 병력의 전진을 엄호하기 위해 숲을 향해 기관총을 발사하고 있다. 지상군 부대는 캄보디아 국경 인근 사이공 북서쪽에 위치한 베트공 진지를 공격하기 위해 이동 중이다.

베트남과 프랑스의 전쟁은 1954년 디엔비엔푸 전투의 승리를 계기로 베트남의 승리로 막을 내리게 되었다.[4] 이에 미국은 제네바 협정을 통해 프랑스와 베트남의 평화협정의 체결을 유도했다. 그리고 프랑스가 떠난 자리는 이내 미국이 대체하기 시작했다.

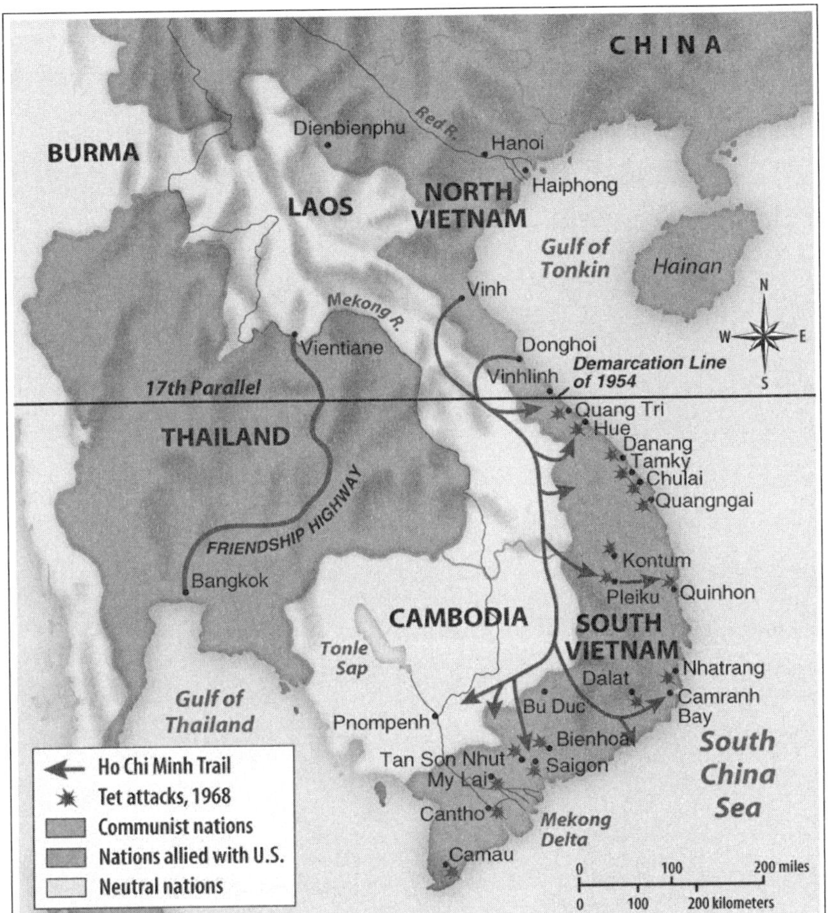

베트남전쟁 전개 과정.

제네바 협정을 통해 베트남은 남북으로 나누어져 각각 독립된 상태에서 총선을 실시하여 남베트남에는 친미성향의 정권이 수립되고 북베트남은 호치민의 영향력 아래에 놓이게 되었다. 그러나 지나치게 친미적인 성향의 남베트남의 디엠 정권은 거듭된 폭정으로 국민들로부터의 지지를 상실하고 있었다. 디엠 정권에 대한 민심이

반이 계속되자 미국은 디엠 정부 제거 계획을 수립하고 남베트남 군부의 쿠데타 계획을 승인하였다.[5] 그러나 문제는 디엠 정권이 붕괴된 이후, 베트남의 정세가 더욱 악화되고 있었다는 점이다.

이러한 상황에서 1964년 8월 통킹만에서 북베트남의 공격으로 미군 구축함이 공격을 당하는, 소위 통킹만 사건이 발생했다. 미국 정부는 즉각적으로 통킹만을 폭격하기 시작했고, 이로써 제2차 베트남 전쟁이 시작된 것이다.[6]

베트남 전쟁에서 미국은 의도한 대로 전쟁을 풀어나가지 못했다. 익숙하지 않은 지형에서 미군은 고전하기 시작했고, 북베트남의 게릴라 전술에 미군의 피해는 커져만 갔다. 대규모의 공중폭격에도 북베트남의 게릴라들은 섬멸되지 않았고, 오히려 이들의 숫자는 증가하고 있었다. 전쟁이 장기화될 조짐이 나타나고 있었던 것이다.

전쟁이 고착화되고 장기화될수록 미국의 경제도 심각한 타격을 받기 시작했다. 미국 내부에서 반전 여론이 제기되기 시작하면서 미국 정부는 진퇴양난의 상황에 빠져들고 있었다.

이러한 분위기 속에 치러진 1968년의 대통령 선거에서 베트남 전쟁의 조기종결을 공약하고 나선 닉슨이 대통령에 당선되었다. 닉슨은 대통령에 취임하는 동시에 베트남 전쟁의 조기종결을 위한 외교적 조치를 구상하기 시작했다. 닉슨독트린이 대표적인 경우이다.

1973년 1월 미국은 베트남과 정전협정을 체결했고, 1975년 북베트남은 미국의 국내정치가 혼란스러운 틈을 이용하여 남베트남을 공격해 베트남의 통일을 달성하게 되었다.

미 공군의 네이팜탄 공격으로 인해 불이 붙은 옷을 모두 벗어버린 베트남 아이들이 울부짖으며 달리고 있는 모습.

한국군의 참전

한국은 베트남 전쟁에 당사국인 미국을 제외하고 가장 많은 전투 병력을 파병한 국가였다. 미국은 1961년부터 한국 정부에 베트남 파병을 요청했고, 한국 정부는 1964년부터 베트남에 병력을 파병하기 시작했다. 1964년 9월 11일 의무중대와 태권도 교관단 등이 파병되었다. 1965년부터는 본격적으로 전투부대를 파병함으로서 베트남 전쟁에 깊숙하게 개입하기 시작했다.[7)]

1965년 10월 주월 한국군사령부가 창설되었고, 청룡부대(제2해병 여단), 맹호부대(수도기계화사단)이 파병되었고, 1966년 9월에는 백마부대(제9사단) 파병이 이어졌다.

베트남에 파병된 한국군 백마부대 장병들의 모습.

한국 정부는 베트남에 전투 병력을 파병하는 조건으로 미국으로 경제 및 군사원조를 지원받을 수 있었다. 브라운 각서가 대표적인 경우이다. 브라운 각서에는 한국군의 전투병 파병에 대한 보상으로 한국군에 대한 군사원조 및 약 1억 5천만 불에 이르는 액수를 특별 경제원조라는 명목으로 제공한다고 명시되어 있었다. 이밖에도 베트남 파병으로 인한 한국군의 공백을 보충하기 위해 예비사단의 창설에 필요한 자금도 제공하기로 했다. 베트남 전쟁에 파병함으로써 한국군은 군 현대화에 한 걸음 더 다가갈 수 있었다.

함께 생각해보기

- 초기 베트남 전쟁은 어떻게 전개되었나?
- 미국이 베트남 전쟁에 개입하게 된 주된 이유는 무엇인가?
- 한국 군인들이 참전하게 된 계기와 배경은 무엇인가?
- 베트남 전쟁에서 베트남의 주요 패망 원인은 무엇인가?
- 최근 한국과 베트남은 어떤 관계를 유지하고 있나?

'아르고'Argo와 이란사태

기본사항

감독 벤 애플렉(Ben Affleck)[1]

출연배우

벤 에플렉(Ben Affleck): 토니 멘데즈 역

브라이언 크랜스턴(Bryan Cranston): 잭 오도넬 역

알란 아킨(Alan Arkin): 레스터 시겔 역
존 굿맨(John Goodman): 존 챔버스 역
제작년도 2012년 / 2012년 10월 31일
런닝타임 120분

시놉시스

1979년 이란 테헤란의 미국 대사관은 성난 시위대에게 점령당하게 된다. 대사관 직원들 중 6명은 거리로 피신했고 영국과 네덜란드 대사관에서 거절당한 후, 마침내 캐나다 대사관 관저로 피신을 한다. 그러나 이들은 발각되면, 스파이로 몰려 처형될 가능성이 높기 때문에, 국무부는 CIA구출전문가인 토니 멘데스를 불러들여 구출작전을 수행하기로 한다.

미국 정부는 이들을 무사히 구출하기 위한 계획을 구상하기 시작하고, 결국 CIA 구출전문 요원 토니 멘데즈를 통해 6명의 인질을 구출하기로 결정한다. 토니 멘데즈는 자신의 아들이 보고 있던 영화 '혹성탈출'에서 힌트를 얻어 '아르고'라는 가짜 SF 영화 제작사를 설립하고 이를 활용하여 인질들을 구출할 계획을 수립한다. 헐리우드 제작사들과 협력하여 가짜 시나리오 작성, 배우 캐스팅, 그리고 이에 대한 기자회견까지 마친 토니 멘데즈는 로케이션 장소 물색이라는 이유를 들어 테헤란에 잠입한다.

이 작전은 이란에서 영화를 찍기 위해 장소를 조사하는 스태프로 이들을 위장하여 무사히 비행기에 태우는 내용이다. 진짜처럼 보이게 하기 위해, 영화에 관련된 언론기사, 사무실, 포스터, 캐스팅 등등을 모두 준비한다. 그리고 대사관 직원 6명을 만나 철저히 역할극을 수행한다. 상부에서 작전취소라는 명이 내려졌지만, 멘데스는 이들을 포기하지 않았고, 멘데스의 의지로 인해 상사도 마음을 바꾸어 멘데스와 대사관 직원들이 무사히 비행기를 타고 이란을 빠져나가게 된다.

또한 이 영화는 미국대사관 직원 6명의 구출 작전에 있어 캐나다의 도움이 적지 않았다. 캐나다의 공헌에 대한 감사의 영상을 마지막에 삽입하였다.

주요대사

잭 오도넬: "최악이지만 최선의 선택이죠. 현재는요."

레스터 시겔: "역사는 해학으로 시작해 비극으로 끝나지."[2)]

토니 멘데스: "누군가는 책임을 져야 해요. 제가 지죠. 데려가겠어요."

영화의 배경

1979년 이란 사태

1979년 호메이니를 중심으로 이란에서 이슬람 혁명이 발생하기 이전까지 이란은 팔레비 왕조의 통치 하에 있었다. 1950년 이란 국민들이 선출했던 모사데크 총리가 미국과 영국 소유의 정유시설을 국유화해 국민들에게 돌려줬다. 1953년 미국은 쿠데타를 사주해 모사데크를 몰아내고 그 자리에 친미 성향의 리자 팔레비를 앉혔다. 이후 이란은 팔레비 왕조의 통치 하에 놓이게 된 것이다. 미국은 팔레비 왕조를 지원했고, 팔레비 왕조는 사치와 향락, 철권통치를 통해 이란을 지배했다. 팔레비 왕조에 대한 이란 국민들의 반감은 1979년 2월 호메이니가 귀국하며 절정에 이르고 있었다. 1979년 2월 11일 팔레비 왕조의 최후의 보루였던 이란 군부가 정치적 중립을 선언하며 호메이니를 중심으로 한 이란 혁명은 완성 단계에 접어들고 있었다. 팔레비 왕조는 물러났고, 입헌군주제는 폐지되었으며, 1979년 4월 1일 이란은 이슬람공화국으로 재편되었다.

사진은 1979년 12월 이란 국민들이 시위 현장인 아자디 광장(Azadi square)에 모여 있는 모습.

물러난 팔레비 국왕은 신변치료를 이유로 미국에 망명을 신청했고, 미국이 이를 받아들이면서 이란 국민들의 대미반감은 극에 이르고 있었다. 호메이니와 이란 국민들은 팔레비 국왕의 소환을 미국에 요청했지만, 미국은 이를 거절하고 있었다. 1979년 11월 4일 테헤란에서 팔레비 국왕의 소환을 요구하던 이란의 과격파 학생 시위대는 시위 도중 미국 대사관을 점거하고, 약 60여 명의 직원들을 인질들을 억류함으로써, 소위 이란 미국 대사관 인질 사태가 시작되었다. 영화 아르고의 배경이 되는 1979년 11월 4일 테헤란 미국 대사관의 점령은 이란 국민들의 반미감정이 실체화된 대표적인 사례라고 할 수 있다.

혁명 이후 이란의 실권을 장악하고 있는 급진 성향의 이슬람 지도부는 대사관 인질 사태를 두고 미국과의 일전을 불사할 기세였다. 미국이 이란산 석유의 수입금지 조치를 취하자, 이란도 대미 석유 수출금지로 맞섰고, 이란이 대미 예금 전액 인출 및 미국 자산의 국유화 조치를 취하자, 미국 정부도 미국 내의 이란 공적 자산을 동결시켰다.

1979년 11월 4일 약 300여 명의 이란 대학생들이 테헤란 주재 미국 대사관의 담을 넘어 진입하고 있는 모습.

이란 대사관 인질 사태가 계속되는 가운데, 1979년 11월 20일 사우디아라비아의 이슬람 성전인 메카 카바 신전이 괴한에 점령되는 사건이 발생한다. 그리고 이 사건의 배후에는 이스라엘과 미국이 있다는 루머가 돌며 여러 이슬람권 국가에서는 반미운동이 더욱 거세지고 있었다. 이 사건은 사우디아라비아가 정부군을 동원하여 유혈진압하며 일단락되었지만, 이 사건 이후 미국과 이란은 물론, 사우디아라비아와 같은 친미 국가들과 이란 대립 또한 커져가고 있었다.

이란은 호메이니의 소환을 재차 요청하면서, 미국 정부의 사과까지 추가로 요구하고 나섰다. 미국의 입장에서도 국제법상 공관을 점령하여 인질을 억류하는 사건은 도저히 묵과할 수 없는 일이었고, 이를 빌미로 팔레비의 소환과 미국의 사과를 요구하는 이란의 주장을 받아들일 수는 없었다. 미국은 서방국가들과 연계하여 이란과의 국교단절, 경제 제재조치 등을 추가로 시행하였고, 한 편에서는 무력진압을 통해 대사관 인질을 구출하는 계획을 수립하기도 했다. 그러나 특수부대를 통해 인질을 구출하려는 계획은 항공기 충돌 사고로 8명의 특공대원이 사망하면서 조기에 실패했고, 미국 정부의 입장도 더욱 곤란해지고 있었다.

1980년에 접어들며 호메이니의 요구 조건이 다소 완화되면서 사태가 해결될 기미가 보이기 시작했다. 이 가운데 1980년 9월 22일 발발한 이란-이라크 전쟁으로 인해 이란은 대사관 인질 사태를 어떤 식으로든 종결시켜야 할 상황에 놓이게 되었다. 이란이 안팎으로 곤란한 상황에 처하게 된 시점에서 미국의 협상제의가 계속되었고, 알재리의 중재를 통해 미국과 이란은 이 사태를 종결시키기로 합의하였다. 이란은 대사관의 인질들을 모두 석방하고, 미국은 팔레비 왕조의 미국 내 자산을 이란에 반환하는 것에 합의한 것이다. 이로써 1979년 11월 4일 발생한 이란 대사관 인질 사태는 사건 발생 444일 만에 해결될 수 있었다.

이렇게 이란 대사관 인질 사태는 종결되었지만, 이 사건의 영향력은 몇 가지 차원에서 고스란히 드러났다. 먼저, 이 사건은 당시 카터 행정부의 외교정책이 실패한 대표적인 사례로 부각되며, 카터 대통령이 재선하지 못하는데 중요한 요인이 되었다는 점이다.[3)] 두 번째는 이 사건 이후, 국제사회에서 미국과 이란의 격렬한 대립

관계가 본격화되었고, 이란은 이슬람 세계에서도 고립되어가는 상황에 놓이게 되었다는 점이다. 세 번째는 이 사건을 해결하는 과정에서 미국이 일종의 무력시위 차원에서 인도양과 아라비아해 지역에 군사력을 증강시킨 것이 역설적으로 소련을 자극하였고, 이것이 이후 소련의 아프가니스탄 침공 사건으로 이어졌다는 점이다.

당시 이란 시위대에게 사로잡힌 미국 대사관 직원들의 모습.

함께 생각해보기

- 1979년 이란혁명이 일어난 배경은 무엇인가?
- 이란 민중들이 미국 대사관을 공격한 이유는 무엇인가?
- 캐나다 대사관에서 미국 대사관 직원을 받아준 이유와 이후 미국과 이란은 어떤 관계를 유지했나?
- 미국 CIA의 대사관 직원 구출작전에 대해 어떻게 생각하는가?
- 최근 이란 핵협상의 타결로 미국과 이란관계는 어떻게 변할 것으로 생각되는가?

'007 스카이폴'007 Skyfall과 탈냉전

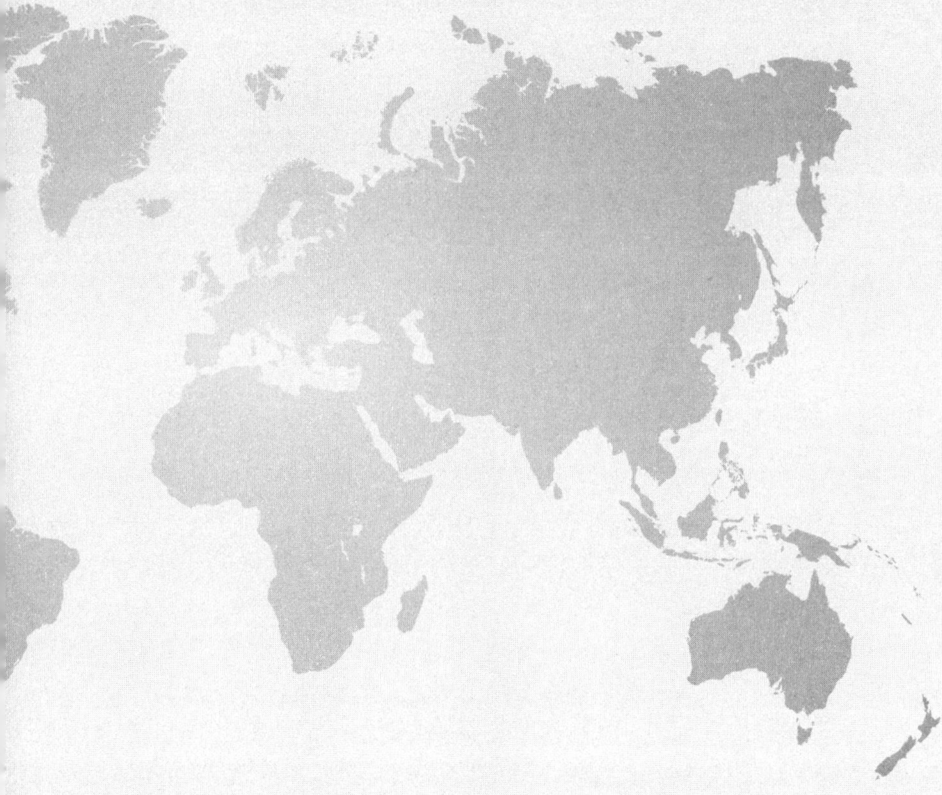

기본사항

감독 샘 멘데스(Sam Mendes, 영국 출생, 1965~)[1]

출연배우

다니엘 크레이크(Daniel Craig): 제임스 본드 역[2]

하비에르 바르뎀(Javier Bardem): 실바 역

주디 덴치(Judi Dench): M 역

랄프 파인즈(Ralph Fiennes): 말로리 역
나오미 해리스(Naomie Harris): 이브 역

제작년도 및 개봉일 2012년 10월 26일

런닝타임 143분

시놉시스

007 스카이폴은 007시리즈 탄생 50주년 기념작인 동시에 역대 23번째 시리즈이다. 스카이 폴에서 핵심으로 제시하고 있는 테마는 '고전으로 돌아가다(Back to the clsssic)'이다. 그래서 이 시리즈에서는 007 영화의 상징이라고 할 수 있는 최첨단 자동차와 장비들도 등장하지 않는다.

스카이 폴은 과거 M16의 정예요원이었던 실바가 악당으로 변신해 M16을 파괴하고, 과거 자신의 상관이었던 M을 죽이려는 실바의 계획에 제임스 본드가 맞선다는 내용이 주를 이루고 있다. 그러나 영화에서 그려지는 제임스 본드는 과거와 같이 날쌔고 강력한 요원의 모습이 아니었다. 기본적인 체력 테스트에서도 낙마하는 등 스카이폴에서의 제임스 본드는 더 이상 예전의 완벽한 요원이 아니었다. M16이라는 첩보기관, 수장이었던 M의 지위와 위치도 예전과 다르게 그려지고 있다. 이들은 새로운 인물과 신진 세력들에게 냉전의 유산, 퇴물 정도로 취급받고 있는 것이다.

스카이폴에서는 M에 대한 제임스 본드의 애정과 연민에 대한 심정을 그려내는 동시에 오랜기간 M16이라는 첩보기관의 수장을 역임하면서 불가피하게 죄를 지을 수밖에 없었던 M의 번뇌까지 조명하고 있다.

주요대사

실바: "섬에서 쥐를 없애는 방법? 할머니가 보여줬어. 드럼통을 땅에 묻고 코코넛을 미끼로 달아놓으니까, 쥐가 코코넛을 먹으러 왔다가 드럼통에 빠졌지. 한 달쯤 지나니까 죄다 잡혔더라고. 그 다음엔? 드럼통을 바다에 버리나? 불태워? 아니. 그냥 놔두는 거야. 배가 고파지면 한 놈씩 서로를 잡아먹고, 마지막엔 2마리만 살아남는데, 남은 두 놈은 죽이지 않고 숲에 다시 풀어줘. 그럼 코코넛을 안 먹고 다른 쥐들을 잡아먹지. 본성이 바뀐거야. 국장은 우릴 살아남은 쥐 2마리로 만들었어."

본드: "내가 마지막까지 살아남은 쥐야.

M: "이젠 비록 지난날 천지를 뒤흔들었던 힘은 우리에게 없지만, 지금의 우리도 우리도다. 한결같이 변함없는 영웅적 기백, 세월과 운명에 쇠약해졌지만 의지는 강하도다. 분투하고, 추구하고, 발견하고, 결코 굴하지 않으리니."

영화의 배경

냉전의 종식

1980년대 중반부터 미국과 소련 사이에서 군축협상이 본격화되기 시작했다. 소련에서도 고르바초프라는 새로운 지도자의 등장으로 소련의 대외정책에 근본적인 개혁이 시도되고 있었다. 1989년 베를린 장벽의 붕괴 이후 동유럽 국가들은 공산주의를 포기하는 현상이 도미노처럼 번져갔다. 1989년 12월 몰타 정상회담에서, 미국과 소련은 더 이상 적대국이 아니라고 선언하며 냉전의 종식이 가시화되었다. 1990년 독일 통일에 이어 1991년 이윽고 소련이 공산당 해체를 선언하며, 사실상 소련 연방이 소멸됨으로써 제2차 세계대전 이후 국제사회를 규정짓던 냉전 체제가 완전히 종결된 것이다.

1989년 11월, 베를린의 시민들이 동·서독을 가로 막고 있는 베를린 장벽을 망치 등을 이용하여 허물고 있는 모습.

탈냉전 이후 국제관계의 변화

냉전이 종식되면서 국제관계는 근본적으로 재편되기 시작했다. 미국과 소련으로 상징되던 양극체제는 붕괴되었고, 동서 진영 간 대립구도도 자연스레 소멸되었다. 냉전시대의 이념적 대립 구조는 완전히 소멸되었고, 경제적 실리와 국가의 이익이 무엇보다 중요해졌다. 국가들의 상호 의존성이 더욱 심화되고 있으며 국제사회의 주요 행위자도 단일 국가가 아닌, 국제기구의 역할이 점차 증대되어 갔다.

2001년 9월 11일 알카에다의 자살테러 공격을 받은 직후 세계무역센터의 모습.

탈냉전기에 접어들며 국제사회는 냉전시기와 달리 이념, 체제, 제도의 대립 구조는 현저히 감소되고 있으며, 국가 이익, 평화, 경제 발전 등이 보다 중요한 이슈로 등장하기 시작했다. 소련연방이 붕괴되었지만, 러시아는 여전히 무시할 수 없는 국가였고 중국과 일본, 인도, 브라질 등도 급속한 경제발전에 힘입어 국제사회의 주요 국가로 등장하기 시작했다. 국제사회에서 미국의 패권적 지위는 여전했지만, 영향력은 상대적으로 약화되었다. 미국과 소련이라는 양극체제에 이어 미국의 단극체제, 그리고 다극체제가 국제사회의 주요 특징으로 자리잡아가고 있는 것이다.

이러한 경향은 앞으로도 계속될 것으로 판단된다. 탈냉전 이후의 국제관계는 냉전시기에 비해 보다 유동적이고 복합적인 모습을 보이고 있다. 미국의 패권적 지위는 중국에 직접적인 도전을 받게 될 것으로 보이고, 세계화에 따른 경제발전, 주요 국가들 간의 국력의 격차 감소 등으로 인해 앞으로의 국제관계는 더욱 더 복잡하고 유동적으로 변화할 것이다.

탈냉전 이후 안보환경의 변화, 007

탈냉전에 따른 국제정세의 변화는 안보환경의 변화를 초래하고 있다. 과거와 같이 국가가 국방 및 안보정책의 직접적인 대상이 되지 못하고 있다. 지구적 차원에서 정치, 경제, 군사력이 확장되는 가운데, 신흥 강대국들의 부상, 대량살상무기의 확산, 테러리스트와 같은 비국가 행위자들의 영향력 확대 등으로 인해, 전쟁과 안보위협의 양상이 크게 변화되고 있는 것이다.[3] 국가안보의 개념 및 대상 또한 과거와 같이 정치적, 외교적 측면에 국한되지 않고 에너지, 식량, 경제, 환경 등으로 확장되고 있는 모습을 보이고 있다.[4]

007 시리즈와 같은 영화들도 이러한 안보환경의 변화에서 자유로울 수 없었다.5) 1962년부터 시작된 007 영화에서 주로 다룬 소재와 대상은 동 시대의 국제정치의 특징과 구조를 상당부분 반영하고 있었다. 예컨대, 냉전시기에 제작된 007 영화에서 적으로 묘사되는 대상이나 인물은 공통적으로 미국과 영국으로 대변되는 자유진영의 적들이라는 공통점이 있었다. 대부분 냉전시기 미국 및 서방진영과 대립하고 있던 소련과 공산 진영이 007 영화가 극복해야 할 대상으로 묘사되었다. 영국 정보기관 소속인 제임스 본드, 주로 그를 돕는 주변 인물은 미국 CIA 소속의 요원이거나, 미국, 영국, 일본 등의 첩보원들이었다. 반대로, 제임스 본드에 대항하는 적들은 소련과 소련의 정보기관이었던 KGB 요원들이었다. 때에 따라서는 중국이 소련을 대체하기도 했다. 이들의 주요 목표도 핵무기, 미사일과 같은 전략무기의 탈취, 미국의 핵무기 기지 파괴, 이를 통해 미국과 소련의 전면전을 유도한다거나, 3차 대전을 일으키고자 하는 것처럼 국가와 국가를 상대로 하는 경우가 주류를 이루고 있었다.

이처럼, 냉전시기에 제작된 007 시리즈는 동 시대 미소 양 진영의 대립구조를 영화의 소재로 활용하고자 했다. 이러한 경향은 1991년 소련의 붕괴와 냉전의 종식 이후, 변화되고 있음을 알 수 있다. 앞서 언급했듯이 이념은 더 이상 국제사회를 규정짓는 주요한 요인이 될 수 없었다. 실제로, 냉전의 종식 이후 제작된 007 시리즈에 등장하는 주적들은 소련과 KGB가 아니었다. 러시아의 무기 밀매 조직, 세계 각 지역의 마약 조직, 다국적 그룹, 중동의 테러리스트 등이 그 자리를 대체하고 있었다. 과거 007 영화에서 소련이 차지하고 있던 자리는 중국이 본격적으로 차지하기 시작했다. 북핵문제와 북한의 독재체제가 국제사회의 주된 이슈로 부각되면서 북한과 북한 내부의 일부 급진 군부 세력들이 주적으로 묘사되기도 했다. 이들의 목표와 대상도 과거에 비해 다소 약화되었다. 과거에는 핵무기를 탈취하는 목적이 미국과 소련의 전쟁을 유도하기 위해서였다면, 탈냉전 이후에는 핵무기를 활용하여 중동의 유전사업을 독점한다거나, 마약이나, 천연자원에 대한 이권을 확보하기 위한 목적이 주를 이루고 있었다. 이를 추진하는 대상도 대부분 무기 및 마약 밀매조직, 테러리스트, 일부 급진주의적 성향을 지닌 개인들이 대부분이었다.

영화 007 스카이폴의 경우는 이러한 경향이 보다 명확하게 나타난다고 할 수 있다. 제임스 본드와 MI6, 그리고 본드의 상관인 M은 공통적으로 냉전시기 국가와 자유진영의 체제를 보존하기 위한 임무를 위해 탄생되고 만들어진 인물과 조직, 즉 전형적인 냉전시대의 유산이었다.[6] 지금까지의 007 영화에서 M이라는 존재는 MI6의 절대적 권력자로 묘사되어 왔으나, 스카이폴에서는 신임 상관에게 사퇴를 종용받는 한물 간 관료로 그려지고 있다는 점은 주목할 만하다. 여기에 국방장관은 "요즘 같은 시대"에 냉전시기에서나 필요했던 대인첩보활동이 필요한지에 대해 의구심을 표명하여 급기야 M을 경질하기도 했다. 이것은 제임스 본드와, MI6이라는 첩보기관, M의 존재와 필요성을 사실상 인정하지 않는다는 것을 보여주는 것이었다.[7]

이처럼 탈냉전 시기 국제사회의 구조가 복잡하고 유동적인 상황으로 전개되면서 안보환경도 급속하게 변화되고 있다. 007 시리즈로 대표되는 첩보 영화 장르도 이러한 시대적인 흐름 속에서 변화를 꾀하고 있으며, 동시에 영화의 배경, 소재, 주요 등장인물의 역할과 지위, 주인공과 적과의 관계 등이 시대의 흐름에 부합하는 쪽으로 변모하고 있는 것이다. 그 중에서 영화 스카이폴은 이러한 안보환경의 변화를 가장 현실적으로 풀어낸 영화라고 볼 수 있다.

함께 생각해보기

- 냉전시기 국가 간의 외교관계는 어떻게 유지되었나?
- 냉전체제가 해체된 주된 이유는 무엇인가?
- 탈냉전 시대 안보를 위협하는 요소는 어떤 양상을 보이고 있나?
- 탈냉전 시대의 외교는 냉전시대와 어떻게 다른가?
- 탈냉전 시대의 국가이익은 무엇인가?

‘쉬리’Swiri와 남북분단

기본사항

감독 강제규(한국, 1962~)[1)]

출연배우

한석규: 유중원 역[2)]　　최민식: 박무영 역[3)]

송강호: 이장길 역[4)]　　김윤진: 이명현 역

제작년도 및 개봉일 1998년 / 1999년 2월 13일

런닝타임 115분

시놉시스

북한의 특수 8군단 소속의 이방희는 뛰어난 실력을 인정받아 1992년 저격수로 남파된다. 그리고 이방희에게 국방과학기술연구소의 CTX에 관련된 연구원들이 저격당한다. 국가 비밀정보기간 OP의 특수요원인 유중원과 이장길은 이방희를 잡기 위해 애쓴다.

유중원과 이장길은 국가 비밀정보기관인 OP의 정예요원들이다. 영화는 이들에게 중요한 정보를 제공하고자 했던 무기밀매상이 저격을 당해 사망하는 것으로 시작한다. 유중원은 현장에 남아있는 탄피를 통해 범인이 북한의 특수 8군단 소속의 저격수 이방희라는 것을 짐작하게 된다. 이방희는 이전에도 한국의 주요관리들과 연구진들을 저격함으로써 한국 정보기관의 주요 감시대상인 인물이었다.

이방희가 다시 움직이기 시작한 것이다. 시기적으로 남북 축구단일팀이 구성되고, 남북정상회담 개최가 가시화되고 있던 상황이었다. 유중원과 이장길은 2년 가까이 잠적했던 이방희가 다시 움직였다는 사실에 주목하고 이방희를 쫓는데 주력한다.

한편, 유중원은 수족관을 운영하는 이명현과 결혼할 사이였다. 그러나 이명현은 유중원이 국가의 정보요원이라는 사실을 모르고 있었고, 유중원도 자신의 신분을 밝힐 수 없었다.

무기밀매상 임봉주의 죽음을 수사하던 유중원과 이장길은 임봉주가 국방과학연구소의 연구원과 밀통하고 있다는 사실을 알아채고, 둘은 국방과학연구소로 연구원 김동석을 체포하러 가지만, 그들이 도착했을 때는 이방희가 한 발 앞서 그를 살해한 뒤였다. 이때부터 유중원과 이장길은 OP 내부의 정보가 밖으로 유출되고 있다고 의심하기 시작한다.

한편, 북한에서 침투한 박무영과 특수부대원들은 한국국방과학연구소에서 개발한 신형 액체무기 CTX를 탈취하는데 성공한다. 박무영은 남북축구 시합이 열리는 곳에 CTX를 설치하고, 유중원은 이를 저지하기 위해 박무영과 북한 특수부대원들과의 결전을 맞이하게 된다.

주요대사

박무영: "우리의 소원은 통일, 꿈에도 소원은 통일. 니들이 한가롭게 그 노래를 부르고 있을 이 순간에도 우리 북녘의 인민들은 못 먹고 병들어서 길바닥에 쓰러져 죽어가고 있어. 나무껍데기에 풀뿌리도 모자라서 이젠 흙까지 파헤쳐먹고 있어. 새파란 우리 인민의 아들, 딸들이 국경 넘어 매춘되서, 그것도 단돈 백 달라에 개 팔리듯 팔리고 있어! … (중략) … 썩은 치즈에 콜라, 햄버거를 먹고 자란 니들이 알리가 없지. 축구로 남북한이 하나가 되자고?"

유중원: "혹시 히드라를 아십니까? 그리스의 여신……. 몸은 하나인데, 전혀 다른 인격을 갖고 있어요. 이 세대가 낳은 히드라……. 오늘의 분단현실이 그녀를 히드라로 만들었어요."

영화 마지막 부분에 유중원(한석규)와 이방희(김윤진)에 맞닥뜨리게 된다. 유중원은 이방희에게 총을 버리라고 하지만 이방희는 눈물을 흘리면서 극단적인 선택을 하게 된다.

영화의 배경

남북분단과 영화 쉬리

6·25전쟁과 남북분단이라는 현실은 공교롭게도 한국영화의 단골 소재로 활용되어 왔다.[5] 권위주의 정권 시절에는 한국전쟁의 비참한 실상을 중심으로 정부의 반공정책을 강조하는 영화로 제작되는 경향이 많았다. 민주화 이후에도 내용과 시기의 차이만 있을 뿐 남북분단의 현실은 한국영화의 특별한 장르로 매김하고 있었다.

영화 쉬리는 남북분단이라는 소재를 첩보액션물로 활용함으로써 한국형 블록버스터라는 새로운 장르를 개척했다는 평가를 받았다. 쉬리가 개봉되던 시기는 금강산 관광이 시작되고 김대중 정부의 햇볕정책과 함께 각종 대북지원과 남북교류에 대한 논의가 활

성화되던 시기였다.[6] 이러한 상황에서 북한의 강경 군부세력과 남한의 정보기관의 대결이라는 소재는 많은 사람들의 관심을 불러일으키기에 충분했던 것으로 판단된다. 남북분단이라는 소재에 할리우드 스타일의 액션, 여기에 절절한 로맨스를 곁들이며 쉬리는 당시로서는 관객 동원 신기록을 세우며 흥행에도 성공할 수 있었다.

2000년 김대중 대통령이 북한 평양을 방문하면서 역사적인 남북정상회담이 열리게 된다. 2007년 노무현대통령의 평양방문으로 2차 남북정상회담이 열리는 등 남북한 간 화해와 협력의 시대가 열릴 것으로 기대했지만 북한의 핵개발과 군사적 도발로 인해 남북한 관계는 다시금 경색되었다.

쉬리가 주목받을 수 있었던 것은 기존 한국영화에서 목격할 수 없었던 액션, 스릴러에 더해 남북분단이라는 현실이 다른 누군가가 아닌 바로 우리가 살아가고 있는 현실이었기 때문인 것으로 보인다. 쉬리가 보여준 액션신은 이미 많이 경험했던 할리우드 영화와 크게 다르지 않았다. 그러나 남북분단이라는 한국적 현실, 여기에 북한의 저격수와 한국의 정보요원의 사랑은 우리 사회에서 이념적으로나 체제적으로 허용될 수 없다는 한계, 아픔, 슬픔이 보다 많은 관객들의 심금을 울렸을 것이다.7) 그리고 이러한 상황은 이전의 반공영화와 달리, 전쟁의 참혹함과 비참함과는 다른 방향에서 전쟁과 남북분단의 비극을 보여주었다.

1999년 6월 15일 발생한 제1연평해전 때 해군 참수리 325호가 북한 경비정의 선미를 들이받는 모습. 1999년 6월 7일부터 6월 15일까지 북한 경비정이 NLL을 최대 10km 계속 넘어오자 대한민국 해군은 북한 경비정의 선체를 참수리급 고속정이 부딪쳐 막는 일명 '밀어내기 작전'으로 대응하게 된다. 이에 북한 경비정 등산곶 684호가 선제공격하였으나 우리 고속정, 초계함의의 반격으로 침몰되거나 반파되어 퇴각하게 된다. 북한의 피해는 최소 사망 30명, 부상 70명 이상으로 알려져 있다.

쉬리의 흥행을 단순히 막대한 제작비와 할리우드 스타일의 액션, 한국적 블록버스터 영화의 시초라는 측면에서만 판단해서는 안 될 것쉬리의 흥행을 단순히 막대한 제작비와 할리우드 스타일의 액션, 한국적 블록버스터 영화의 시초라는 측면에서만 판단해서는 안 될 것이다. 쉬리가 흥행할 수 있었던 것은 상업적 영화가 가져야 할 이러한 요소 이외에도 남북분단이라는 현실을 다른 차원에서 우리 시대의 아픔이라는 것을 대중들과 보다 쉽게 공감할 수 있는 방향으로 그려냈기 때문에 가능했던 것이다.

부연하자면, 쉬리의 흥행은 남북분단이라는 민감한 현실이 영화의 소재로 활용될 때 전 국민적인 관심을 이끌어낼 수 있다는 것을 증명했다. 쉬리의 성공 이후, 마찬가지로 남북분단이라는 소재를 활용했던 영화들이 작품성은 물론 흥행에서도 성공했다는 것은 주목할 만한 사실이다. 공동경비구역 JSA, 웰컴투 동막골, 태극기 휘날리며, 실미도 등은 모두 남북분단을 조명하고 있던 영화였으며, 각각의 영화들은 모두 새로운 흥행성적을 기록하며 지금까지도 많은 이들에게 회자되고 있는 영화들이다.

함께 생각해보기

- 남북간 화해협력 노력은 어떻게 전개되고 있나?
- 한반도의 평화적 관리를 위해 어떤 노력이 더 필요한가?
- 북한의 강경파는 누구이며 어떤 상황에서 주도력을 발휘할 수 있을까?
- 한반도 안보를 위협하는 북핵 문제는 어떻게 해결해야 한다고 생각하는가?
- 우리정부의 통일정책은 어떤 것인가?

'블랙호크다운'Black Hawk Down과 소말리아 내전

기본사항

감독 리들리 스콧(Ridley Scott, 영국 출생, 1937~)[1)]

출연배우

조쉬 하트넷(Josh Hartnett): 매트 에버스만 역[2)]

이완 맥그리거(Ewan Mcgregor): 존 그림즈 역[3)]

톰 시즈모어(Tom Sizemore): 대니 맥나이트 역

에릭 바나(Eric Bana): 놈 후트 깁슨 역

윌리엄 피츠너(William Fichtner): 제프 샌더슨 역

제작년도 및 개봉일 2001년 / 2002년 2월 1일

런닝타임 143분

시놉시스

추락한 블랙호크 주변으로 소말리아 사람들이 몰려들고 있는 장면. 블랙호크 헬기의 일부 생존자들이 끝까지 저항했으나 소말리아 반군에게 모두 사살되고 시신이 탈취당하는 일이 발생했다.

영화 블랙호크다운은 1993년 10월 소말리아의 수도 모가디슈에 투입된 유엔평화유지군 소속의 미군 병사들이 생존을 위해 벌이게 되는 18시간의 전투상황을 다룬 전쟁 드라마이다. 1993년 10월 3일, 내전과 기아에 시달리고 있는 동아프리카의 소말리아에 파견된 미군 특수부대와 델타포스는 난민을 위해 지원된 식량을 약탈하고 이를 무기로 삼아 전쟁을 지속하는 군벌 모하메드 파라 아이디드의 최측근을 체포하고자 하는 작전에 착수한다. 그러나 소말

리아의 게릴라 군들의 공격으로 인해 블랙호크 헬리콥터 2대가 연이어 격추되면서 작전은 어려운 국면으로 접어들고 있었다.

작전에 투입된 미군들이 집결지역으로 가기 위해 반군과 전투중인 모습.

일찍 끝날 것 같았던 작전은 블랙호크 두 대와 험비에 탄 군인들이 당하면서 전투가 새벽까지 이어졌다. 시장 한가운데 고립되었기 때문에, 구출도 쉽지 않았고, 병력도 부족했다. 생존해 돌아온 군인들마저 다시 전장에 재투입되어야만 했던 상황이었다. 장군은 파키스탄에 있는 평화유지군에 지원요청을 하게 된다. 결과적으로 이날의 전투의 목적은 전우의 구출이 되어버렸다. 이제부터 미국 특수부대와 델타포스 대원들은 구조대가 그들을 구하러 오는 18시간 동안 반군들의 공격으로부터 생존하는 것이 지상최대의 목표가 되었다.

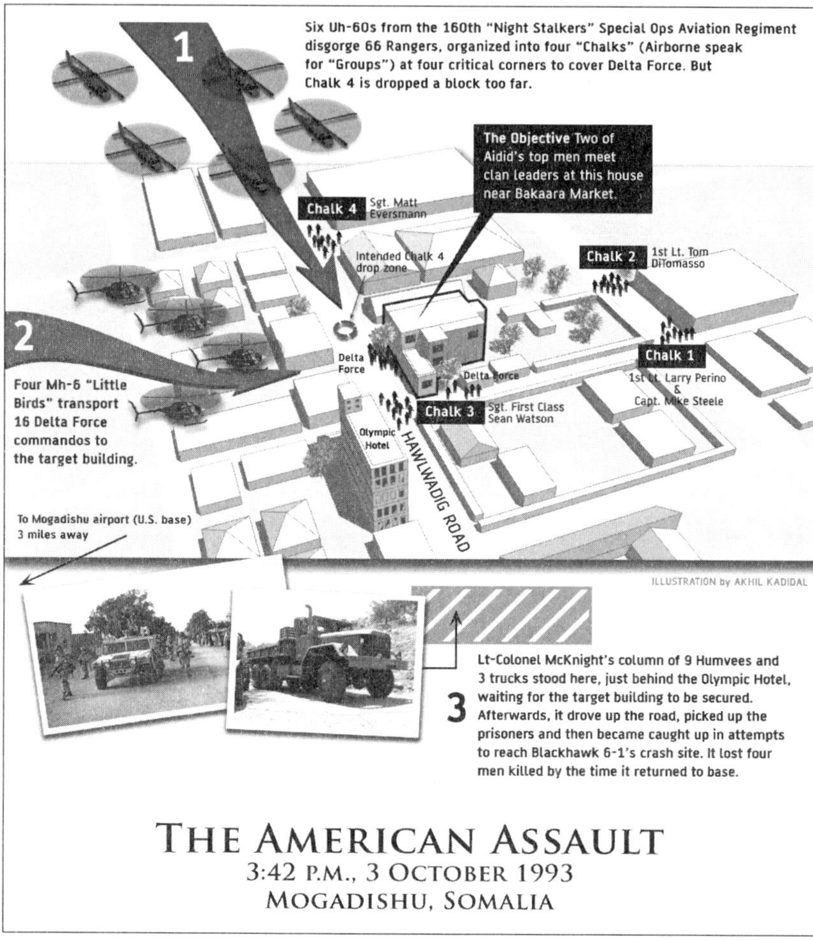

1993년 10월 3일 미군의 공격작전이 어떻게 이루어졌는지 간략하게 보여준다.

주요대사

놈 후트 깁슨: "그거 알아? 머리에 총알이 스쳐나가면 정치같은 엿 같은 것들은 다 날아가 버리지. 그러니 모퉁이 잘 살피고 모든 부대원들 살려서 돌아와."

윌리엄 F. 게리슨: "우리가 벌집을 건드렸어."

놈 후트 깁슨: "고향에 가면 사람들이 묻지. 왜 이런 일을 하냐고. 전쟁이 그렇게 좋냐고. 난 아무 말도 하지 않아. 그들은 이해하지 못하거든. 전우애 때문이라는 것을. 그게 전쟁이야. 또 한주가 시작됐어. 월요일이야."

영화의 배경

아프리카는 인종적 대립과 분열에서 촉발된 내전으로 고통받고 있다. 2011년 4월 아이보리 코스트 정부권이 이동중인 모습.

아프리카 내전의 성격과 특성, 주요 사례

대부분의 아프리카 국가들이 식민 상태에서 벗어나 독립된 지 50여 년이 지났지만, 아프리카는 여전히 내전과 분쟁의 소용돌이에서 벗어나지 못하고 있다. 이러한 내전의 가장 근본적인 원인은 식민 지배 이후 서구 사회의 국가들이 아프리카 내부의 부족과 그들의 특성을 고려하지 않은 채, 자의적으로 국경을 나누었기 때문이다. 이를 흔히 '검은 폭력, 흰 뿌리(black violence, white root)'론이라고 한다.[4] 이와 함께, 오늘날에는 아프리카의 풍부한 지하자원, 이에 대한 이권 다툼 혹은 분배과정에서 발생하는 불평등도 아프리카 내전을 촉진시키는 주요한 요인이 되고 있다.[5]

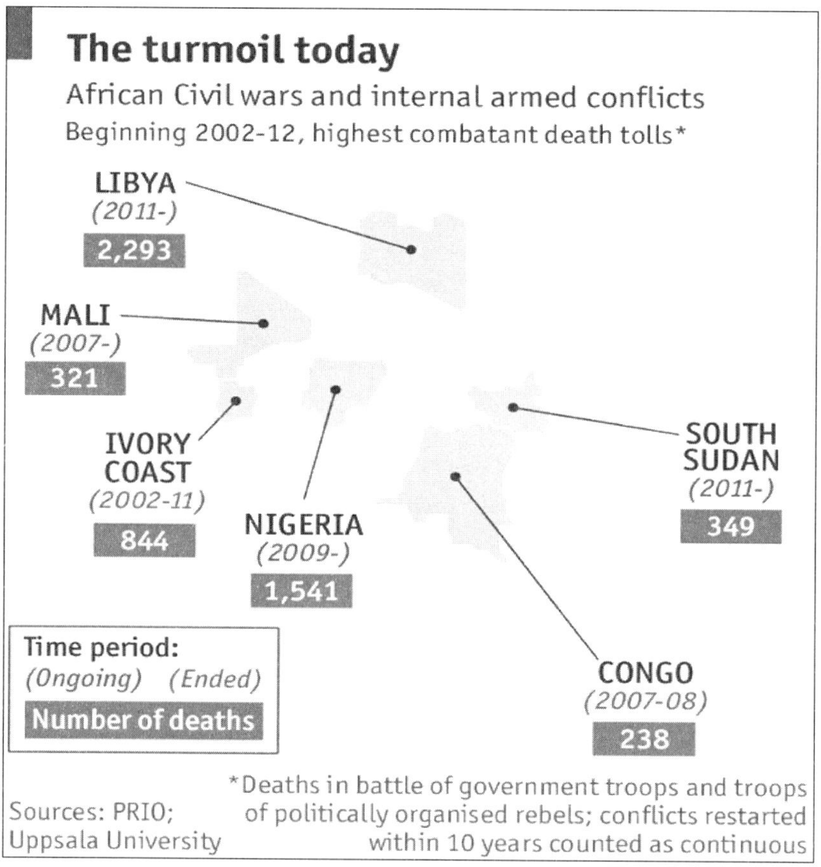

영국의 이코노미스트(주간지)에 실린 아프리카에 발생한 주요 내전의 사망자수.

소말리아 내전

냉전시기 독재정권이 붕괴하면서, 잠재하고 있던 종족 간의 권력 투쟁이 시작되면서 내전으로 전개된 사례이다. 무정부 상태가 지속되면서 수많은 군벌들이 등장하고 성장하면서 상호 간의 학살이 거듭되고 있는 상황이다. 소말리아 해적이라고 불리는 이들은 대부분 내전을 통해 등장한 반군과 난민들로 구성되어 있다.

소말리아 내전의 기원은 1870년대 중반 이집트가 소말리아의 해안지방을 점령하면서 시작되었다.[6] 그리고 1882년 이집트가 아프리카에서 철수하고 소말리아를 비롯하여 이집트가 점령하고 있던 지역은 영국의 보호령이 되었다. 그러나 수에즈 운하의 통행권을 확보하고자 하는 의도에서 비롯된 영국의 소말리아 해안지방의 점령은 그리 오래가지 못했다. 20세기에 접어들며 소말리아 내부에서 영국에 대한 저항운동이 전개되기 시작하자, 영국은 당시 아프리카에서 영향력을 확대하고자 했던 이탈리아와 협정을 맺고 소말리아에 대한 분할통치를 시작하였다.

제2차 세계대전이 발발하면서 영국과 이탈리아, 소말리아의 운명도 바뀌기 시작했다. 1940년 영국은 이탈리아에 패했고, 영국이 점령하고 있던 소말리아 해안지방에 대한 통치권도 이탈리아에게 넘어갔다. 그러나 전쟁이 이탈리아와 독일의 패배로 끝나면서 소말리아 해안지방에 대한 권리도 다시 영국으로 돌아왔다. 그러나 문제는 소말리아의 내륙지방을 포함한 소말리아 전체 통치에 대한 문제를 두고 승전국 간의 의견 조율이 쉽지 않았다는 점이다.

승전국들 간의 합의는 소말리아의 내륙과 해안지방을 10년 간 신탁통치 한 후, 1960년에 소말리아를 독립시키는 쪽으로 의결되었다. 그리고 1960년 소말리아는 내륙과 해안지방을 통합하여 새로운 독립국가로 출범하게 되었다.

소말리아의 제2대 대통령이 취임한 지 3년째가 되던 1969년 소말리아의 정치적 상황이 불안정한 국면으로 접어들기 시작했다. 대통령이 암살되고 군사 쿠데타가 발생한 것이다. 쿠데타를 통해 국정 전면에 등장한 바레 장군은 1970년 소말리아를 사회주의 국가로 선포하였다.

일시적으로 정치적 안정 상황에 접어들었던 소말리아는 1974년과 1975년 유례없는 가뭄으로 인해 대기근에 접어들게 되었다. 가뭄과 기근의 여파는 이후에도 지속되고 있었다. 가뭄으로 인한 대기근이 절정에 이르자 소말리아의 정치·경제적 상황도 흔들리기 시작했다. 1988년부터는 소말리아 내부에서 여러 무장반군들이 고개를 들기 시작하면서 소말리아의 상황은 더욱 악화되어 갔다.

십여년간의 내전으로 모가디슈는 거의 폐허 수준으로 변했다. 한 젊은 반군이 모가디슈 남북을 가르는 도로를 경계하고 있는 모습.

1990년 소말리아의 여러 정치·경제 단체들은 바레 정권의 퇴진과 민주정부의 출범을 촉구하는 성명을 발표했다. 그러나 바레 정권은 이러한 요구를 묵살하고 오히려 더욱 강압적인 정책으로 응수했고, 반군들의 저항과 공격은 더욱 증대되었다.

오늘날 소말리아의 무정부 상태는 바레 정권이 반군들의 저항을 견디지 못하고 1991년 해외로 도주하면서 시작되었다. 1991년 바레 정권이 붕괴되면서 소말리아는 무정부상태에 접어들게 되었다. 소말리아의 무정부적 상태는 소말리아는 물론, 주변 지역의 평화에도 직접적인 위협이 되고 있는 상황이다.[7] 영화 블랙호크다운의 배경이 되는 시기는 바레 정권이후 무정부 상태에 처한 혼란한 소말리아를 배경으로 하고 있다.

미국의 개입

1992년 동아프리카의 소말리아는 치안과 사회적 기반이 완전히 붕괴된 상태였다. 모하메드 파라 아이디드가 대통령을 축출하면서 소말리아의 정치적 기능은 완전히 마비되었고, 여기에 최악의 가뭄까지 겹치면서 소말리아에서는 약 30만 명 이상의 인명이 희생되었다. 이에 국제사회는 구호식량 등을 소말리아에 보내지만 일부 군벌과 민병대는 식량 및 구호품을 약탈하여 이를 바탕으로 전쟁을 계속하고 있었다. 심지어 UN군을 공격하면서 심각한 피해를 입히는 상황까지 발생하고 있었다. 미국과 국제사회는 전투병을 파병하여 소말리아의 상황을 완화시키고자 했다. 특히 미국은 해병대 2만 명의 병력을 소말리아에 파병하기로 결정했다. 미국과 국제사회의 전투병력이 소말리아에 투입되자 상황이 조금씩 호전되어 갔다. 그러나 1993년 4월, 미국이 2만 명의 해병대 병력을 철수시키자 아이디드는 신속하게 남아있는 유엔평화유지군을 공격하고 전쟁을 선포했다. 같은 해 6월에는 반군에 의해 파키스탄 병사 24명이 사살되었고, 이때부터 반군은 남아있는 미군에게도 본격적인 공격을 감행하기 시작했다.

모가다슈 시내에서 이동중인 미군의 모습. 미군은 반군 지도자를 체포함으로써 내전을 종식시키려 했지만 영화에서 보았던 것처럼 반군과 시민들의 저항으로 의도한 결과를 얻어내지 못했다.

1993년 8월 미국은 아이디드를 체포하고 소말리아의 상황을 안정화시킨다는 목표 아래 델타포스와 레인저, 160특수 비행단 등을 파견한다. 그러나 원래 3주 계획으로 진행된 임무가 6주가 넘어가면서도 진척이 없자 미국 정부는 다시 최정예의 특수부대를 파견하기로 결정한다. 이들에게 부여된 임무는 소말리아의 내란과 기근의 원인으로 지목받는 반군의 수장 모하메드 파라 에이디드의 최측근을 체포하는 것이었다. 그리고 이들이 영화 블랙호크다운에서 묘사하고 있는 미군 델타포스팀과 레인저들인 것이다.

이처럼 소말리아 내전에 미국이 개입하기 시작하는 것은 1992년의 일이었다. 이 시기 미국은 걸프전을 통해 베트남 전쟁에서의 패배의 기억을 지우고 국제분쟁에 적극적으로 개입하고자 했다.

미국의 개입, 의미와 문제점

탈냉전 이후 미국은 '인도주의적 개입(Humanitarian Intervention)'이라는 명분 아래, 아프리카를 비롯한 국제사회의 주요 분쟁에 개입하고자 했다. 1993년의 소말리아 내전에 미국이 개입하면서 표명했던 것도 전쟁과 기근으로 고통받는 소말리아 시민들을 구하기 위해서였다.[8] 그러나 문제는, 미국의 개입이 지속성이라는 측면에서 일관성을 유지하지 못한다거나, 미국의 국가이익에 따라 정책이 빈번하게 변화한다는 점이다.

예컨대, 1980년대 냉전이 절정에 이르던 시기, 미국은 지정학적 계산, 전략적 이익에 따라 친미 군사독재정권들을 지원하면서 아프리카의 민주화, 인권의 신장을 심각하게 저해한 바 있었다.[9]

소말리아도 유사한 사례라고 할 수 있다. 냉전시대가 붕괴되기 이전까지 미국은 소말리아에 대한 군사적 원조를 지속했다. 아덴만 홍해를 가운데에 두고 미국의 석유자원의 이익이 걸린 아라비아 반도 인근에 위치한 소말리아는 미국에게 지정학적으로 중요한 곳이었기 때문이었다. 당시 소말리아의 정권을 장악하고 있던 바레 장군은 미국의 지원 속에 군사독재를 펼치며 친미정권임을 표방했다.

각종 무기와 군사지원을 계속하던 미국이 소말리아를 떠난 것은 마찬가지로 냉전이 붕괴된 이후였다. 미국의 비호를 받던 바레 독재정권은 미국이 철수한 뒤, 소말리아 곳곳에서 터져 나오는 부족들과 반군들의 저항을 견디지 못하고 1991년 몰락했다. 중앙정부의 부재 속에, 소말리아의 내전은 악화되어 갔고, 이 시기 소말리아를 닥친 가뭄은 대기근으로 이어지며 소말리아는 완진히 실패한 국가로 추락하고 있었다. 소말리아인들은 이러한 비극의 원인은 미국이라고 인식하기 시작했다.

1992년 반군이 UN군을 공격해 식량을 탈취하는 사건이 발생하자 미국은 다시 '인권'을 전면에 내세워 소말리아 내전에 개입하기로 결정했다. 그러나 현지의 분위기는 냉랭했다고 전해진다. 소말리아인들은 미국의 개입이 인권이 아닌, 아라비아만의 미국의 석유자원 때문이라고 인식하게 되었다.

냉전과 탈냉전을 지나면서 국제분쟁에 대한 미국의 개입과 지원은 철저하게 미국의 국익에 따라 결정되었다.10) 그리고 그 속에서 아프리카의 소규모 국가들은 내전과 기근의 고통에서 벗어나지 못하고 있었고, 이럴 때마다 미국에 대한 현지인들의 분노는 더욱 거세지고 있었던 것이다.

영화 블랙호크다운에서 고립된 미군 특수부대원들에게 격렬하게 저항하는 소말리아 반군들의 모습은 바로 이러한 그들의 정서를 그대로 보여준다고 할 수 있다.

함께 생각해보기

- 아프리카에서 내전이 빈번한 이유는 무엇인가?
- 미군이 소말리아 내전에 개입한 이유는 무엇인가?
- 소말리아 해안에 해적활동이 집중되고 있는 이유는 무엇인가?
- UN 차원에서 아프리카 내전을 막기 위해 어떤 노력이 필요한가?
- 아프리카 내전 지역에 평화유지군으로 한국군 파병에 대해 어떻게 생각하는가?

'커리지 언더 파이어'
Courage under Fire와 걸프전

기본사항

감독 에드워드 즈윅(Edward Zwick, 미국 출생, 1952~)[1]

출연배우

덴젤 워싱턴(Denzel Washton): 나다니엘 설링 역[2]

멕 라이언(Meg Ryan): 카렌 엠마 월든 역[3]

루 다이아몬드 필립스(Lou Diamond Phillips): 존 모프리즈 역

마이클 모리어티(Michael Moriarty): 허쉬 버그 역
맷 데이먼(Matt Damon): 이라리오 역

제작년도 및 개봉일 1996년 9월 21일

런닝타임 116분

시놉시스

커리지 언더 파이어는 1991년 1월에 발발된 걸프전을 최초로 영화화한 작품이다. 걸프전에 투입된 기갑부대장 나다니엘 설링 중령은 알 바스라에서 수행된 야간 전투에서 아군을 오인사격하게 된다. 미국 국방부는 진상조사에 착수하고 설링 중령을 국방부의 한직에 배치하여 훈장 및 포상에 대한 심사 업무를 부여한다. 여기에서 설링 중령은 부상자 구조 헬리콥터 파일럿으로 전쟁에 참여했던 카렌 월든 대위의 명예훈장 자격 여부를 심사하게 된다.

국방부는 공로가 확실하니 그녀에게 명예훈장의 수여를 빨리 승인하라고 설링 중령을 재촉한다. 그러나 이 과정에서 설링 중령은 부상자 구출 작전 속에서 월든 대위의 행동에 대한 구출팀의 진술이 엇갈리는 것을 확인하게 되고 이에 대한 진실을 파헤치기로 결심한다. 설링 중령의 행동에 국방부는 과거 그의 오인사격 이력을 들추며 월든 대위의 명예심사 훈장을 재촉하지만, 설링 중령은 젊은 여성 파일럿과 관련된 진실을 밝히기 위해 노력한다.

카렌 월든 대위(맥 라이언)의 공군조종사 임관식을 담은 모습.

나다니엘 설링 중령(덴젤 워싱턴)이 상급자에게 의문을 제기하고 있는 모습.

카렌 대위는 적군과 용감히 싸우며, 부하들을 지켜내고, 맹렬히 싸우다 전사했다는 공을 세웠기 때문에, 훈장을 받을 자격은 충분해 보였지만, 설링 중령은 당시 부하들의 증언이 달랐기 때문에,

시간이 걸리게 되었다. 상부에서 빨리 마무리하길 요구 했지만, 설링중령이 지속적으로 수사한 결과, 그녀는 용감한 지휘관이었지만, 그녀의 부하들은 그녀를 배신했다는 사실을 알아내게 된다.

그리고 설링 중령은 자신의 발포명령으로 죽은 보이어의 부모님을 찾아가 그날의 사건을 사실대로 고하고, 진심어린 용서를 구한다.

주요대사

카렌 대위: "가서 들것과 총을 더 갖고 와!"
"안 돼 래디부터 도와줘!"
"넌 재판에 회부될 것이다."

카렌의 아버지: "이젠 진실을 알았으니, 부디 죄의식을 떨쳐버리게!"

설링 중령: "말할 용기가 나지 않았습니다."
"부디 간청 드리는 건데 용서해주십시오."

영화의 배경

걸프전의 발발

1990년 8월 2일 이라크 군은 쿠웨이트를 침공하여 5시간 만에 쿠웨이트를 함락시켰다. 이에 미국, 영국, 프랑스, 사우디, 이집트 등 33개국으로 구성된 다국적군은 1991년 1월 17일 이라크 군에 대한 공습을 감행하고, 2월 24일에는 전면적인 지상 작전을 전개하면서 쿠웨이트에서 이라크 군을 추출하고 2월 28일 전쟁을 종결시켰다.[4] 이 전쟁이 1991년 발발한 걸프전이다.

1991년 이라크의 쿠웨이트 점령으로 시작된 걸프전은 미국을 중심으로 연합군의 승리를 종결되었다. 사진은 2월 이라크인 시체 옆에서 담소를 나누고 있는 미군의 모습.

걸프전의 전개과정과 경과

1990년 8월 이라크가 쿠웨이트를 침공하자 유엔안전보장이사회는 8월 2일과 3일 이라크의 쿠웨이트 침공을 규탄하고 이라크 군의 철수를 요구하는 결의안을 만장일치로 통과시켰다. 그러나 오히려 이라크는 8월 8일 쿠웨이트를 이라크의 영토로 합병시키는 조치를 취했다.

이 지역에 대한 미국의 정책은 분명했다. 걸프지역의 석유자원은 미국의 국가이익과 직접적인 관계에 있었다. 이라크는 쿠웨이트를 침공함으로써 순식간에 전 세계 석유 매장량의 상당부분을 장악할 수 있었고, 또한 미국의 전통적인 우방국인 사우디아라비

아의 안보불안을 야기시킬 수도 있었다.[5)]

미국은 석유자원을 지키기 위해 이라크군을 공습하기로 결정했다.[6)] 이 과정에서 정치적 협상을 주장했던 미 국무부는 국방부의 강경한 대응을 주문하는 국방부의 주장에 동조하지 않을 수 없었다.

이라크가 무력을 통해 쿠웨이트를 침공하여 영토마저 합병했다는 사실 자체도 국제사회의 비판의 대상이 되고 있었다. 이러한 상황은 미국을 비롯한 다국적군이 이라크 군에 대한 공습을 정당화시키는 명분이 되기도 했다. 주목할 만한 점은 소련이 미국의 공습에 합류한 것이다. 이것은 냉전의 종식이 전쟁의 세력 판도에도 영향을 미치고 있었다는 것을 보여주는 실례이다.[7)] 만약 이라크가 냉전시기에 쿠웨이트를 침공했다면 미국이 그토록 신속하게 소련의 동맹국인 이라크를 공습하기는 어려웠을 것이다.

미국이 전격적으로 이라크를 공습할 수 있었던 것은 탈냉전의 세력 판도의 변화 뿐 아니라 이 지역의 석유자원이 미국의 국가이익과 직접적인 관계에 있었기 때문이기도 했던 것이다.[8)]

미국과 다국적군의 공습이 시작되고, 지상군 전력이 투입되자 전쟁은 예상과 달리 조기에 종결되었다.[9)] 미국조차도 걸프전이 베트남 전쟁과 같이 장기화될 가능성을 염두하고 있었다는 사실에 비추어 볼 때도 걸프전의 조기 종결은 뜻밖의 결과였다. 실제로 당시 이라크의 군사력도 만만치 않았다고 의견이 지배적이었다. 그러나 막상 전쟁이 개시되자 이라크 군은 미군과 다국적군의 상대가 되지 못했다.

1991년 걸프전에 참전한 사우디아라비아 공군기(F-15C, F-16, F-15E)의 모습.

사막의 폭풍작전(Operation Desert Storm)이라고 명명된 작전에서 미국은 공군력을 중심으로 이라크의 중심부를 타격하기 시작했다. 약 39일간 지속된 공습으로 이라크의 주요 거점과 시설들은 대부분 파괴되었다. F-117 폭격기, 토마호크 미사일, B-52 폭격기와 같은 미국의 첨단 전력이 위력을 발휘하는 순간이었다.

공중폭격 이후, 미국과 다국적군은 전격적으로 지상군을 투입하여 전쟁을 조기에 종결시키고자 했다. 지상전에서는 미국의 기갑 전력이 빛을 발휘했다. 바스라전이 대표적인 사례이다. 이라크 바스라 지역에서 미군 전차 800대는 이라크 기갑사간 소속 전차 300여대와 조우했다. 이라크군의 주력전차였던 소련제 T-72 전차는 미국의 주력 전차였던 M1A1 에이브람스 전차의 상대가 되지 못했다. 2차 대전 이후, 최대의 전차전으로 평가받는 바스라 전투가 영화 커리지 언더 파이어의 배경이기도 하다.

미국과 다국적군의 지상 전력이 투입된 지 4일 만에 이라크는 백기 투항했고, 조지부시 대통령은 전쟁 종결을 선언했다. 이처럼 걸프전쟁은 당초 예상과 달리, 미국과 다국적군의 신속한 승리로 막을 내렸고, 처음부터 끝까지 미국의 예상과 의도대로 전쟁이 진행되었다.

이 전쟁에서 이라크군 20만 명이 사망하고 다국적군의 사망자 수는 300여 명이었다. 걸프전쟁을 통해 국제사회의 여러 국가들은 현대전과 미래전에서 군의 과학화, 현대화의 중요성을 절감하기 시작했다. 이때부터 많은 국가들이 군의 정예화, 과학화, 현대화, 특히 공군력의 확대에 적극적으로 나서기 시작했다. 한국의 경우도 마찬가지이다. 당시 재임 중이던 노태우 대통령은 걸프전 이후 각종 연설에서 군의 과학화, 현대화를 강조하며 국방자주화를 본격적으로 강조하기 시작했던 것이다.

1991년의 걸프전은 탈냉전 이후 미국이 유일한 패권국으로 등장한 이후, 처음으로 수행한 전쟁이며, 미국이 걸프만 지역의 석유자원을 국가의 사활적 이익으로 간주하고 있다는 것을 보여준 대표적인 사례라고 평가받고 있다. 또한 걸프전은 현대전에서 최첨단 무기와, 공군력의 중요성을 그대로 보여준 전쟁이기도 했다. 국제정치적으로는 냉전의 종식 이후 미국이 세계 유일의 패권국임을 다시 입증하는 계기가 되기도 했다.

미국이 1991년 걸프전에 적극적으로 개입하기 시작한 주요 원인은 이 지역의 석유자원이 미국의 국가이익과 직접적인 관련이 있기 때문이었다. 이라크가 무력을 통해 쿠웨이트를 침공하고 합병했다는 사실은 미국의 공습에 정당성을 제공할 뿐이었다. 표면적으로 미국이 내세운 논리는 사우디아라비아, 쿠웨이트, 아랍 등과 같은 동맹국의 보호 등이었지만, 실제로 미국의 걸프전 개입은 중동 지역에서의 영향력을 유지하고 석유자원에 대한 이권을 그대로 유지하고사 했던 것이 가장 큰 요인이었다.

이러한 미국의 경향은 오늘날까지도 계속되고 있다. 2003년 미국의 이라크 침공의 배경도 연장선상에서 이해할 수 있다.

함께 생각해보기

- 이라크가 쿠웨이트를 침공한 명분과 실질적인 이유는 무엇인가?
- 미국을 비롯한 연합군이 걸프전에 참전할 수 있었던 이유는 무엇인가?
- 이라크 전쟁 이후 중동지역이 더욱 복잡해지는 이유는 무엇인가?
- 여주인공 카렌 대위의 결단과 행동에 대해 어떻게 생각하는가?
- 테러집단인 이슬람국가(ISIL)가 세력을 확대하는 것에 대해 어떻게 생각하는가?

'공동경비구역 JSA'
Joint Security Area와 정전협정

기본사항

감독 박찬욱(한국, 1963~)[1)]

출연배우

송강호: 오경필 상위 역　　　이병헌: 이수혁 병장 역[2)]

이영애: 소피 E. 장소령 역[3)]　김태우: 남성식 일병 역

신하균: 정우진 전사 역

제작년도 및 개봉일 2000년 9월 9일
런닝타임 110분

시놉시스

판문점 공동경비구역, 소위 JSA라고 불리는 곳은 남북 분단의 상징적 공간이다. 돌아오지 않는 다리 북단의 북측 초소에서 총성이 울리고, 이후 북한 경계병이 살해된 채 발견된다. 그리고 그 곁에는 중년의 북한군 상위도 같이 쓰러져 있다. 그리고 남북분계선 가운데에서 사건의 용의자로 지목되는 한국군 병사가 발견된다.

이 사건에 대한 남북한의 주장은 첨예하게 대립한다. 북한은 남한 병사가 군사분계선을 넘어 북한군 초소를 습격했다고 주장하고, 남측에서는 북한군이 군사분계선을 넘어와 남측 초소를 공격하고 병사를 납치했고, 총격전의 흔적은 남측 병사가 탈출하는 과정의 결과라는 입장을 고수한다. 양측의 주장이 대립하는 가운데, 사건은 중립국위원회로 넘어가게 된다.

한국계 스위스인인 소피 장 소령은 이 사건을 수사하게 된다. 사건을 수사하면서 그녀는 이들이 특별한 관계라는 느낌을 받는다. 이수혁 병장이 공동경비구역 순찰 업무 중, 급한 볼일로 무리를 이탈한다. 이수혁은 그때 북한 인민군의 오경필 중사 그리고 정우진 전사와 우연히 맞닥뜨리게 된 인연으로 몰래 다리를 건너 북한 초소에서 그들과 친해진다. 이수혁은 자신의 비밀을 후임인 남성식 일병에게 털어놓고, 함께 비밀리에 우정을 쌓아간다. 그러나 이 일이 발각의 위험에 처하자, 혼란 속에서 남성식은 정우진을 총으로 쏜다. 오경필은 이수혁과 남성식을 돌아가게 둔다.

공동경비구역에 영화의 주요 인물들이 함께 경계를 서고 있는 모습을 담은 장면이다. 손을 들고 사진촬영을 통제하고 있는 군인이 이수혁 병장이며 그 뒤로 오경필 중사가 웃으면 보고 있다. 그 왼쪽에 남성식 일병이 앞으로 보고 있는 모습.

수사에서 발각되지 않기 위해, 오경필은 이수혁을 언제 친했냐는 듯 적대적으로 대한다. 이수혁 또한 받아들인다. 그러나 조여오는 수사에 남성식은 투신자살을 하게 되고, 사건의 마무리 단계에서 이수혁 또한 자살한다. 공동구역 JSA는 남북분단이라는 현실을 소재로 삼아, 남북의 청년들이 한 곳에 모여 우정과 사랑을 나눈다는 다소 파격적인 소재를 적절히 활용했던 영화였다.

남북한 4명의 병사들은 비밀리 만나 우정을 쌓는다. 남한 병사들이 북한군 초소로 방문하여 함께 즐거운 시간을 보내고 있는 모습.

주요대사

표 장군: "세상엔 두 종류의 인간이 있어. 빨갱이, 그리고 빨갱이의 적! 여긴 중립은 설 자리가 없어!"

경무원 10: "내일만 보고 사는 놈은 오늘만 보고 사는 놈한테 죽는다."

이수혁 병장: "형이고 뭐고 다 필요 없어. 결국 우린 적이야."

보타: "한반도는 마치 겨울 숲이라고 할 수 있지. 조그만 불씨 하나라도 큰 화재가 될 수 있는 곳 말이야."

영화의 배경

정전협정의 내용과 특성

2013년을 지나면서 6·25전쟁 이후 정전협정이 체결된 지 60년이 지났다. 1953년 7월에 체결된 정전협정은 전쟁이 완전히 종결되지 않았다는 것을 보여주고 있지만, 이와는 반대로 한반도에서의 전쟁이 재발하는 역할을 하고 있다는 것도 부인할 수 없는 사실이다. 정전협정이 6·25전쟁을 종결시킴으로써 전쟁 이후 한반도의 분단 상황을 정의내리는 법률적 토대로서 의미, 더 나아가 한반도에서의 전쟁 재발을 억지함으로써 한반도의 평화와 안정이 유지되는데 중요한 역할을 담당했다는 것이다.

6·25전쟁 정전협정 조인 장면. 북한과 중국, 그리고 유엔군 대표가 모여 정전(휴전) 협정을 체결했다. 이 정전협정을 통해 휴전선 남북 4킬로미터를 공동경비구역으로 설정하고 공동 관리하기로 결정하였다.

정전협정의 공식 명칭은 '국제연합군 총사령관을 일방으로 하고 조선인민군 최고사령관 및 중국인민지원군 사령관을 일방으로 하는 한국군사정전에 관한 협정'이다. 정전협정은 연합군, 중국군, 북한군 대표가 만나 1953년 7월 27일 판문점 회의장에서 조인한 순간부터 효력이 발생하기 시작했다. 한국군 대표는 참석하지 않았다. 당시 이승만 대통령은 정전협정 체결을 반대하고 북진을 계속해서 주장하고 있었다.

정전협정 체결이 전쟁의 종결을 의미하는 것은 아니었다. 상호간에 적대적 무력행위가 중지되었을 뿐, 전쟁이 궁극적으로 종결된 것은 아니기 때문이다. 정전협정과 평화협정은 엄연히 별개의 것이다.

즉 정전협정을 법적인 측면에서 볼 때 전쟁의 일시 중지를 의미하는 정전(truce)상태이지, 교전 당사국 사이의 합의에 의해 적대행위가 중단되는 것을 의미하는 휴전(armistice) 상태는 아니다.[4)]

남측에서 본 판문점 모습이다. 뒤편 건물이 북한측 판문각 건물이다. 푸른색 슬라브 건물 안에서 공동경비구역 관리와 각종 남북한 회의가 벌어진다. 이 건물 가운데 휴전선이 지나가고 있으며, 모습건물 중간에 자갈로 깔려 있는 부분까지가 남측 지역이다. 회의가 없는 상황에서 이 선을 넘으면 월북으로 간주된다.

더 큰 문제는 정전협정의 한계점이다. 정전협정이 체결된 지 60년이 지났지만, 이 협정은 개정되거나 보완되지 않았다. 그러면서 6·25전쟁 이후 한반도의 현상유지에 일익을 담당했던 정전체제의 효력도 점차 약화되고 있는 실정이다. 비무장지대는 사실상 '중무장지대'로 변모했고, 정전협정을 하고 감독하기 위해 만들어진 군사정전위원회와 중립국감독위원회의 역할과 기능도 약화되고 있다.[5]

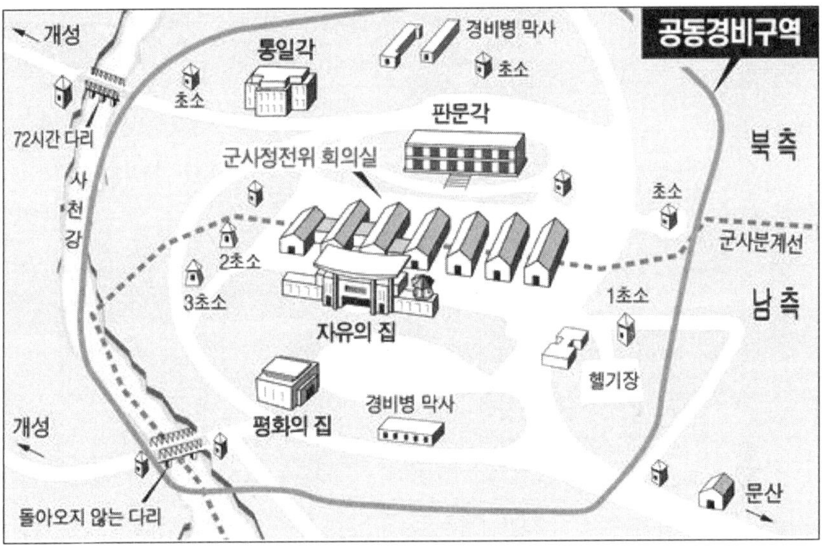

이런 상황에서 북한은 핵무기를 개발하고, 군사적 도발을 일삼는 등 정전협정 위반을 계속하고 있다. 비교적 최근 발생했던 북한의 핵실험, 천안함 피격사건, 연평도 포격사건 등은 대표적인 정전협정 위반사례들이다. 이러한 사건들은 정전협정이 가지는 실효성에 의문을 제기하기에 충분했다.[6]

아직 정전협정이 법적으로는 유효하지만, 이를 제도적으로 보완

할 시기에 이르렀다고 볼 수 있다. 정전협정을 대체할 평화협정의 체결이 선행되어야 하고 이를 위해서는 남북한의 신뢰회복과 관계 개선이 무엇보다 중요하다.[7)]

부연하자면, 공동경비구역(Joint Security Area: JSA)은 1953년 7월 27일 판문점에서 체결된 정전협정에 의해 만들어진 곳이다. 정전협정에 따라 정전협정을 관리할 군사정전위원회가 판문점에 설치되었고, 이 지역은 유엔군과 북한군이 공동으로 경비하는 구역이 되었다. 2004년 11월부터 1953년 정전협정 체결 이후 주한미군이 맡아오던 공동경비구역의 경계임무는 한국군으로 전환되었다.

함께 생각해보기

- 공동경비구역은 어떻게 설정되었고, 어떻게 관리되고 있나?
- 중립국감시단은 어떤 역할을 주로 하고 있나?
- 판문점에서는 주로 무슨 일이 이루어지고 있는가?
- 휴전선에서 발생하는 남북한간 군사적 충돌은 어떻게 관리되고 있나?
- 휴전선 주변의 비무장지대를 평화적으로 활용할 방안은 무엇인가?

미 주

'워터 디바이너'와 갈리폴리전투

1) 십대 시절에 호주 텔레비전 연속극 <이웃들>(1987)에 출연하면서 연기를 시작했다. 그 후 호주 영화들에 출연했고, <이유 없는 반항> (1992)의 네오나치 스킨헤드족으로 강렬한 연기를 선보이며 세계적인 주목을 받기 시작했다. 샤론 스톤 주연의 서부극 <퀵 앤 데드>(1995)에서 그녀의 사랑을 받는 카우보이 역할과, <가상현실>(1995)의 컴퓨터가 만들어낸 연쇄살인자 역으로 미국 영화계에 첫발을 내딛었다. <LA 컨피덴셜>(1997)에서 처음으로 주연을 맡았으며, <글래디에이터>(2000)에서 막시무스 역할로 아카데미 남우주연상을 받았다. <워터디바이너>(2014)에서 연출을 시작했다.

2) 1979년 우크라이나 태생, <약지의 표본>(2005)으로 영화에 처음으로 출연과 동시에 주연으로 화려하게 데뷔하면서 재능 있는 신인배우의 등장을 알렸다. 곧 <사랑해, 파리>(2006)에서 "마들린 구역"의 아름다운 뱀파이어를 연기하면서 전세계로부터 주목 받는 여배우 중 한 명으로 성장하고 있다. 그의 다른 영화로는 <007 퀀텀 오브 솔로스> (2008), <센츄리온>(2010), <오블리비언>(2013)이 있다.

3) 앤잭(Anzac)은 1914년 12월에 이집트로 파병된 뒤, 1915년 3월 이후 갈리폴리 전투에 투입된 오스트리아-뉴질랜드 연합군(Australian and New Zealand Army Corps)의 약자이다. 갈리폴리 전투에서 희생된 이들을 추모하기 위해 당시 앤잭군이 상륙했던 해안지대를 '앤잭 만(Anzac Cove)'으로 명명하기도 했다. 이내주, "1915년 영국군 갈리폴리 원정실패," 『영국연구』 제20권 (2008), p.247.

4) 이 작전이 성공하기 위해서는 해협 양편의 터키 해안포대와 진지를 함포사격으로 무력화시키고, 동시에 병력이 상륙하여 이곳을 점령해야만 했다. 즉 "육군과 해군의 긴밀한 협조"가 필요했음에도 불구하고 처칠은 "육군의 참여를 처음부터 무시하다시피" 했다고 전해진다. 남도현, "한심한 만용 그리고 빛나는 용기," 『국방과 기술』 제374호 (2010), p.40.

5) 남도현(2010), pp.41~43.

'고지전'과 6·25전쟁

1) 서울대학교 시각디자인학 학사 출신, <사마리아> 연출부로 김기덕 감독과 인연을 맺은 이후, 빈집>, <활>의 연출부 활동과 <시간>의 조감독을 거치면서 다양한 작품에서 기장 감독과의 호흡을 맞추며 자신만의 내공을 쌓아왔다. 2008년 <영화는 영화다>로 생애 첫 메가폰을 잡았다. 2010년 제31회 청룡영화상 최우수작품상, 2010년 제30회 한국영화평론가협회상 감독상, 2010년 제46회 백상예술대상 영화부문 감독상, 2012년 제14회 우디네 극동영화제 관객상 등을 수상했다.

2) 서울예술대학 방송연예과를 졸업한 신하균은 1998년 <기막힌 사내들>로 데뷔해 <공동경비구역 JSA>, <킬러들의 수다>, <복수는 나의 것>, <지구를 지켜라>, <우리 형>, <박쥐>, <고지전> 등으로 언제나 새로운 연기에 도전해온 진지한 노력형 배우로 알려져 있다.

3) 상명대학교 영화학과, 1999년 데뷔, 첫 영화 <썸>(2004)으로 2005년 제42회 대종상영화제에서 신인남자배우상을 받았다. <백야행>(2009), <초능력자>(2010), <집으로 가는 길>(2013) 출연했다.

4) 서울예대 연극과 출신으로 선배 장진 감독의 <아는 여자>(2004)에서 강도 역할로 영화계에 입문한 그는 곧바로 장진 감독의 차기작 <박수칠때 떠나라>(2005)에서 차승원과 신경전을 벌인 라이벌 검사 류승룡으로 인지도를 올렸다. <7번방의 선물>(2012)로 2013년 제50회 대종상영화제 남우주연상, <내 아내의 모든 것>(2012)으로 2012년 제33회 청룡영화상 남우조연상, <최종병기 활>(2011)로 2011년 제32회 청룡영화상 남우조연상 수상했다.

5) 6·25전쟁의 자세한 전개 과정은 다음을 참조. 이무철, "전쟁에서 휴전까지 전개과정은?," 『통일한국』 제331호(2011), pp.46~47.

6) 이를 "전투 계속의 원칙"이라고 한다. 휴전 회담 초기에 유엔군 측과 공산권 측은 "휴전협정 체결 시까지 전투를 계속한다는 원칙에 합의했기 때문에 휴전회담의 전 과정은 군사작전과 긴밀히 결합되어 전개"되고 있었다. 이로 인해, 휴전협정이 체결되고 발효되는 1953년 7월 27일 밤까지 남과 북의 전투는 계속되고 있었다. 김보영, "한국전쟁 휴전협정과 전쟁의 유산," 『역사와 현실』 제80호(2011), p.348.

7) 영화 '고지전'에서도 남북의 대치와 휴전협정 기간 중 발생한 병사들의 희생을 강조하기 위해 영화의 시점을 1953년 2월부터 7월까지로 설정하고 있다. 정병기, "한국전쟁 영화에 나타난 국가관과 전쟁관: <포화 속으로>와 <고지

전>을 중심으로,” 『국제정치논총』 제53집 제4호(2013), p.450.

‘D-13’과 쿠바 미사일 위기

1) 호주에서 태어난 로저 도날드슨 감독은 수십 편의 TV광고와 다큐멘터리를 통해 연출경력을 쌓았다. 1977년 <잠자는 개>를 통해 영화계에 데뷔 했으며, 1985년 <마리>를 시작으로 할리우드에 본격 진출했다. <노 웨이 아웃>의 케빈 코스트너, <칵테일>의 톰 크루즈, <겟 어웨이>의 알렉 볼드윈, <단테스 피크>의 피어스 브로스넌, <세상에서 가장 빠른 인디언>의 진 핵크만 등 최고의 할리우드 배우들과 함께 영화 작업을 했다.

2) 케빈 코스트너는 대학에 다닐 때 연기에 관심이 생겨 연기 수업을 듣기 시작했다. 그의 활달한 낙관주의는 그 후 <실버라도>(1985)에서 마땅한 관심을 끌었고 <언터처블>(1987)에서 엘리어트 네스 역으로 주연을 맡기에 충분했다. 이 영화는 그가 <19번째 남자>(1988)의 낭만적이고 코믹한 주인공과 <꿈의 구장>(1989)의 중서부 지방의 나약하고 평범한 남자 역을 맡아 80년대를 마무리하게 해 주었다. <늑대와 춤을>(1990)은 코스트너가 배우와 감독으로서 이중의 위협이 될 수 있음을 증명했다. 이 영화는 아카데미 12개 부문에 후보로 올라 작품상과 감독상을 포함하여 7개 부문에서 수상했다.

3) 김태현, “억지의 실패와 강압외교 쿠바의 미사일과 북한의 핵,” 『국제정치논총』 제52집 제1호(2012), p.68.

4) 안병진, “쿠바 미사일 위기와 베를린 가설,” 『동향과 전망』 제81호(2011), p.293.

5) 이석호 · 이지훈, “쿠바 미사일 위기와 소련 정부,” 『국방연구』 제45권 제2호(2002), p.88.

6) 장준갑, “케네디와 흐루시초프: 위기극복의 지도력,” 『서양사학연구』 제22집(2010), pp.221~229.

‘님은 먼 곳에’와 베트남전쟁

1) 1987년 광고기획으로 영화계에 발을 디딘 이준익 감독은 파격적인 형식의 가족영화 <키드캅>(1993)을 연출한 이후 영화사 ㈜씨네월드를 운영해왔다. 2003년에는 퓨전사극이라는 새로운 장르를 연 <황산벌>을 제작/연출하여 전국 290만 관객을 동원한 바 있는 이준익 감독은 2005년 <왕의 남자>를 통해 전작의 노하우를 살려 더욱 더 견고하고 짜임새 있게 표현된 정통 사극 드라

마를 선보였다.

2) TV 드라마의 연기자로 경력 시작, <가족>(2004)으로 2005년 51회 백상예술대상에서 여자신인연기상을 받았다. 그 외 영화는 <그해 여름>(2006), <심야의 FM>(2010)이 있다.

3) 1992년 <닫힌 교문을 열며>로 데뷔, 1998년 <약속>으로 제19회 청룡영화상 남우조연상, 제36회 대종상 남우조연상 수상, 그 외 영화는 <달마야 놀자>(2001), <황산벌>(2003), <왕의 남자>(2005)가 있다.

4) 마상윤, "전쟁의 그늘, 베트남 전쟁과 미국의 동아시아 정책," 『한국과 국제정치』 제21권 제3호(2005), p.70.

5) 마상윤(2005), p.75.

6) 김정배, "베트남 전쟁과 미국 그리고 냉전체제," 『역사와 경계』 제80호(2011), pp.266~267.

7) 박태균, "한국군의 베트남전 참전," 『역사비평』 제80호(2007), p.291.

'아르고'와 이란사태

1) 1972년 8월 15일 캘리포니아 버클리(Berkeley) 출생, 아역배우 출신으로, 1992년 크리스 오도넬과 함께 출연한 <스쿨 타이>(1992)로 첫 성인연기자로 데뷔, 1995년 선댄스 최고의 화제작이었던 케빈 스미스 감독의 <체이싱 아미>(1997)로 주목을 받기 시작했다. <굿 윌 헌팅>(1997) <아마겟돈>(1998)을 통해 세계적인 스타로 부상했다. 특히, <굿 윌 헌팅>은 맷 데이먼과 함께 공동으로 아카데미 최우수 각본상을 탄 바 있으며, 2007년 <가라, 아이야, 가라>로 연출을 시작했다. 벤 애플렉은 인디 영화에서부터 메이저영화까지 두루 섭렵하며 연기뿐 아니라 시나리오, 영화 연출에 이르기까지 다재다능한 재능을 과시하고 있다.

2) 이 대사는 칼 맑스의 "역사는 반복된다. 처음에는 비극으로, 다음에는 희극으로"를 거꾸로 말한 것이다.

3) 황지환, "서평: 위험수용과 손실의 국제정치적 의미," 『전략연구』 제44호(2008), p.246.

'007 스카이폴'과 탈냉전

1) 케임브리지 대학에서 공부하고, 1987년 졸업 뒤 치체스터 페스티벌 극장에 들어갔다. 얼마 뒤 연극 <체리 과수원>을 연출해 영국평론가협회에서 최고신인상을 받았고, <오델로>로는 최우수 연출상을 받으면서 곧바로 스타 연출가 대열에 들어섰다. 연극 <카바레>는 런던과 브로드웨이에서 공연됐고 4개 부문에서 토니상 등 수많은 상을 안겨주었으며, 니콜 키드먼이 주연해 화제가 된 연극 <파란 방>을 무대에 올리기도 했다. 스필버그의 추천으로 <아메리칸 뷰티>(1999)를 통해 영화에 데뷔, 일약 명성을 얻었다." 그 외 영화로는 <연을 쫓는 아이>(2007), <레볼루셔너리 로드>(2008)이 있다.

2) 존 G. 아빌드센 감독의 <파워 오브 원>으로 영화계에 데뷔한 다니엘 크레이그는 '국립 청소년 극단 National Youth Theatre'에서 받은 연기 수업을 거쳐 '길드홀 학교 Guildhall School of Music and Drama'를 졸업한 그는 전형적인 영국 배우이다. 이후 그는 영국의 화가 프란시스 베이컨의 일대기를 그린 존 데이버리 감독의 <러브 이즈 더 데블 Love is the Devil>(1998)에 출연해 호평 받았고, 제52회 '에든버러 국제영화제'에서 연기상을 수상했다. 다니엘 크레이그는 <꿈꾸는 아프리카>(2000)와 <툼 레이더>(2001), <로드 투 퍼디션>(2002)을 통해 할리우드에 진출하기 시작했고, 클라이브 오웬, 콜린 패럴, 이완 맥그리거, 휴 잭맨 등 쟁쟁한 배우들을 제치고 007의 차기 제임스 본드 역으로 낙점되어 제21탄 <카지노 로얄>에서 제6대 제임스 본드를 연기했다.

3) 냉전의 종식은 국제테러리즘의 양상에도 직접적인 영향을 미치기 시작했다. 규모면에서도 과거와 비교가 되지 않을 정도로 커졌으며, 점차적으로 테러의 목적이나 대상, 주체마저 불분명해지 있는 실정이다. 채재병, "국제테러리즘의 변화와 지속성," 『한국정치외교사논총』 제28집 제2호(2007), pp.260~261.

4) 송은희, "정보환경의 변화 및 세계 주요 정보기관의 비교," 『서석과학논총』 제2권 제2호(2009), p.294.

5) 한정택, "대중문화 안의 정보기관의 이미지: 스파이 영화를 중심으로", pp.6~8. (http://www.kanis.or.kr/kboard/file/%C7%D1%C1%A4%C5%C3.pdf: 검색일 2015.3.10)

6) 실제 영국의 국가정보기구는 비밀정보국(SIS: Secret Intelligence Service, 일명 MI6), 정보통신본부(GCHQ: Government Communication Headquarters), 보안국(Security Service, 일명 MI5)으로 나눠진다. 이상현, "21세기 안보환경 변화와 국가정보기관의 새로운 역할," 『국가정보연구』 제1권 제1호(2008), p.97.

7) 미국의 경우도 냉전의 종식과 함께 정보기구의 중요성이 감소했으며, 정부기구의 수와 역할, 규모 등도 대폭 축소해야 한다는 주장이 제기되었다는 점은 주목할 만한 사실이다. 신유섭, "냉전종식 이후 미국 정보기구의 개혁방향," 『국제정치논총』 제39집 제2호(1999), p.42.

'쉬리'와 남북분단

1) 중앙대학교 연극영화과 졸업. 데뷔작인 <은행나무침대>(1996)로 흥행 1위를 기록했고, <쉬리>(1999)로 한국영화의 패러다임을 바꾸었으며, <태극기 휘날리며>(2004)로 천만 관객을 모은 첫 번째 감독이 되었다.

2) 동국대학교 연극영화과 졸업, 1995년 이광훈 감독의 영화 <닥터 봉>으로 첫 영화를 찍은 후, <넘버3>(1997), <접속>, <초록물고기>, <8월의 크리스마스>, <쉬리>(1998) 등 출연작이 모두 성공하면서 최고의 흥행배우가 되었다.

3) 1994년 MBC 드라마 <서울의 달>을 거쳐, <넘버 3>(1997)에서 욕 잘하는 과격 검사로 데뷔, <쉬리>(1998)를 일약 최고 흥행 영화로 만드는 데 공헌하며, 대종상 남우주연상을 수상하였다. <파이란>에선 삼류 건달을 열연하여 각종 영화상을 휩쓸었으며 2003년 <올드보이>의 열연으로 큰 찬사를 받았으며, 2014년 <명량>으로 천만관객을 매료시켰다.

4) 1991년 연극 동승으로 데뷔 후, 연극배우로 활동하다가 <돼지가 우물에 빠진 날>(1996)의 단역으로 영화에 데뷔했다. 이듬해 <넘버 3>(1997)의 열연으로 일약 주목 받으며 동년 대종상 신인남우상과 청룡영화제 남우조연상을 휩쓸며, 한 해 가장 주목받는 배우가 되었다. 곧이어 <쉬리>(1988), <공동경비구역 JSA>(2000), <반칙왕>(2000) 등을 통해 자신만이 소화할 수 있는 캐릭터를 창조하며 연기는 물론, 흥행 배우로서 입지를 굳혔다. <복수는 나의 것>(2002)과 <살인의 추억>(2003), <괴물>(2006), <박쥐>, <설국열차>(2013), <관상>(2013), <변호인>(2013) 등에 연이어 출연하면서 명실공히 충무로 최고의 배우 중 하나로 손꼽힌다.

5) 북한도 유사한 경우라고 할 수 있다. 영화는 "다중이 즐기는 대중문화의 대표적 매체일 뿐 아니라, 그 특성상 정치적, 이념적 대중 선전에 있어 대단히 효과적인 수단"이기 때문에 "남북 공히 영화는 분단이라는 갈등 상황에서 국가권력의 지배를 공고화하는 이데올로기 선전의 도구로 즐겨 활용"되기도 했다. 김충국, "분단과 영화: 봉합의 환상을 넘어 공존의 실천으로," 『한국민족문화』 제53권(2014), p.280.

6) 김승경, “문화연구를 통해 본 90년대 한국 영화의 이데올로기와 정체성,” 『현대영화연구』 제6권(2008), pp.47~48.

7) 서인숙, “한국형 블록버스터에서 분단의 재현방식: 한(恨)과 신파의 귀한,” 『문학과 영상』 제12권 제4호(2011), pp.996~997.

‘블랙호크다운’과 소말리아 내전

1) 웨스트 하틀풀 예술대학을 거쳐 런던의 왕립 예술대학에서 미술과 영화를 전공했다. 1960년대 중반에 BBC 텔리비전에서 세트 디자이너로 일했으며, 그 경험은 그의 작품세계 전반에 걸쳐서 큰 영향을 주었다. 1979년에 상영된 <에이리언> 영화는, 그의 얼음같이 차가우면서도 시각적인 영감이 풍부한 획기적인 영상으로 종래의 SF영화들과는 완전히 차원을 달리하는 작품으로 절찬을 받으며 흥행에서도 대성공을 거두었다. 그 외 <글레디에이터>(2000), <킹덤 오브 헤븐>(2005), <프로메테우스>(2012) 등을 연출하였다.

2) 고등학교때 연극에 입문하면서 영화계와 인연을 맺게 되어, 그후 단 2년만에 영화 <할로윈 7 - H20>(1998)로 데뷔했다. 그는 끊임없는 발전으로 영화 <진주만>(2001), <블랙 호크 다운>(2002), <40데이즈 40나이트> 등의 블록버스터 영화의 주역이 되었으며, <위커 파크> (2004), <신 시티>(2005) 등의 로맨스와 범죄영화에서도 적극적인 연기 태도를 보였다.

3) 스코틀랜드 출신으로 제인 오스틴 원작의 <엠마>(1996)와 코미디 <브래스드 오프>(1996)에 출연했다. 1999년에 알렉 기네스 경에 의해 유명해진 오비완 케노비 역할을 맡아 <스타워즈 에피소드 1 : 보이지 않는 위험>(1999)과 <스타워즈 에피소드 2 : 클론의 습격>(2002), 그리고 <스타워즈 에피소드 3 : 시스의 복수>(2005)에 출연했다. 그 외 영화로는 <벨벳 골드마인>(1998), <물랭루즈>(2001), <빅 피쉬>(2003)가 있다.

4) 『한국경제』 2014년 1월 25일자.

5) 최동주, “저개발국 내전형 분쟁의 사회경제적 배경,” 『국제지역연구』 제9권 제4호(2005), p.379.

6) 이하 소말리아 내전의 기원에 관한 내용은 다음을 참조.
http://www.cine21.com/news/view/mag_id/7574 (검색일: 2015.3.15).

7) 정영태, “소말리아 내전의 특성과 전망,” 『한국아프리카학회지』 제6집(1993), pp.76~78.

8) 이호영, “아프리카의 지정학적 특성과 미국의 신 아프리카 정책,” 『사회과학

연구』 제6권(2000), p.204.

9) 냉전시기 소련도 마찬가지라고 할 수 있다. 소련도 아프리카 지역에서 미국과 경쟁하며 친소정권의 지원에 앞장선 바 있었다. 이호영(2000), p.205.

10) 정구연, “미국의 아프리카 대외원조정책 연구: 원조와 안보의 연계를 중심으로,” 『국제관계연구』 제18권 제1호(2013), p.144.

‘커리지 언더 파이어’와 걸프전

1) TV 연출자로 승승장구하던 1986년 즈윅은 남북전쟁 당시 해방을 위해 스러져간 흑인 병사들을 소재로 한 휴먼드라마 <영광의 깃발>(1989)을 연출했다. 전쟁의 스펙터클과 감동을 안배한 이 영화는 덴젤 워싱턴이란 흑인 스타를 배출하며 아카데미 3개 부문을 수상했다. 이후 부당한 삶의 굴레에서 벗어나 길에 나선 두 여성의 로드무비 <여자의 선택>(1992), 산업사회로 변해가는 미국 몬타나의 목장을 무대로 아버지와, 한 여자를 사랑하는 아들 3형제의 애증어린 가족사를 그린 <가을의 전설>(1994) 등을 만들었다.

2) 워싱턴은 <카본 카피>(1981)를 통해 처음으로 영화계에 파문을 던졌다. 첫 아카데미상 후보에 올려 준 영화 <자유의 절규>(1987)에서 스티브 비코를 그려 냄으로써 평단에서 탄탄한 배우로 인정받은 후, <영광의 깃발>(1989), <말콤 X>(1992)와 <히 갓 게임>(1998), <인사이드 맨>(2006)을 비롯 수많은 영화에 출연했으며 흥행이 보증된 배우로 알려져 있다.

3) 뉴욕 대학 시나리오학과를 졸업한 후 1985년 <탑건>에서 안소니 에드워즈의 아내 역으로 약간의 관심을 끌었다. 그녀가 스타 덤에 오르게 된 것은 1989년에 출연한 <해리가 샐리를 만났을 때>로, 이 영화에서 그녀는 자신의 뛰어난 연기력을 유감없이 발휘해 단숨에 스타가 되었다.

4) 문은영, “걸프전쟁,” 『중동연구』 제20권 (2001), p.103.

5) 당시 이라크가 사우디아라비아에 대한 침공까지 계획하고 있다는 첩보가 입수되었다고 알려진다. 장성일, “에너지 안보와 국가안보: 제1차 걸프전쟁과 미국의 군사개입,” 『에너지경제연구』 제7권 제2호 (2008), p.254.

6) 이 지역의 석유자원은 에너지 안보라는 측면에서 미국에게 매우 중요했다. 장성일(2008), pp.254~265.

7) 최영철, “걸프지역 석유자원과 제2차 걸프전쟁, 1990-1991,” 『중동연구』 제32권 제2호(2013), p.40.

8) 최영철(2013), p.41.

9) 문은영(2001), p.117.

'공동경비구역(JSA)'와 정전협정

1) 서강대 철학과 졸업, 1988년 <깜동>의 연출부를 통해 영화계 입문한 후, 예술영화, 작가영화로 출발해 장르영화, B급영화, 컬트영화 등 다양한 영화에 애정을 표현해 왔다. 1992년 <달은 해가 꾸는 꿈>으로 정식 감독에 데뷔했으나 흥행에 실패한 후, <3인조>(1997), <아나키스트>(2000) 등 후속작 역시 큰 빛을 보지 못했으나, <공동경비구역 JSA>가 큰 성공을 거두면서 주목받기 시작했다. 특히 <올드보이>(2003)는 이제껏 본 적 없는 스타일리쉬한 영상과 탄탄한 연출 감각을 보여주며 관객들의 열렬한 지지를 받았다. 이 작품으로 청룡영화상 감독상, 대한민국 영화대상 감독상, 백상예술대상 작품상, 대종상 감독상에 이어 깐느 영화제 심사위원대상까지 수상하며 큰 반향을 불러 모았다. <박쥐>(2009)로 28회 브뤼셀 판타스틱 영화제 은까마귀상을 수상했으며 <스토커>(2013)로 할리우드 데뷔했다.

2) 1991년 KBS 공채 14기로 연기 생활 시작하였고, 1994년 <누가 나를 미치게 하는가>(1955)로 스크린에 데뷔하여, <내 마음의 풍금>에 이은 <공동경비구역 JSA>(2000)가 크게 흥행하면서 배우로서 큰 주목을 받게 되었다. <광해, 왕이 된 남자>(2012)로 2013년 56회 아시아태평양영화제 남우주연상, 그 외 영화, <악마를 보았다>(2010), <레드: 더 레전드>(2013)에 출연했다.

3) 1991년 '마몽드'의 모델 '산소같은 여자' CF로 주목받았다. 영화는 97년 <인샬라>(1997)로 데뷔했으며, <공동경비구역 JSA>(2000)에 이어 박찬욱 감독의 <친절한 금자씨>(2005)에 출연하였다. <봄날은 간다>(2001)로 2회 부산영화평론가협회상 여우주연상, <선물>(2001)로 2002년 25회 황금촬영상시상식 여우주연상을 수상했다.

4) 『국방일보』 2012년 7월 27일자.

5) 윤지원(구 윤영미), "한반도 정전체제와 한미동맹의 역사적 기원과 전망," 『군사연구』 제135권(2013), p.26.

6) 박태균, "작동하지 않는 정전협정, 그리고 천안함," 『역사와 현실』 제76호(2010), pp.5; 8.

7) 박태균(2010), p.12.

참고문헌

김보영, “한국전쟁 휴전협정과 전쟁의 유산,” 『역사와 현실』 제80호 (2011).

김승경, “문화연구를 통해 본 90년대 한국 영화의 이데올로기와 정체성,” 『현대영화연구』 제6권(2008).

김정배, “베트남 전쟁과 미국 그리고 냉전체제,” 『역사와 경계』 제80호 (2011).

김충국, “분단과 영화: 봉합의 환상을 넘어 공존의 실천으로,” 『한국민족문화』 제53권(2014).

김태현, “억지의 실패와 강압외교: 쿠바의 미사일과 북한의 핵,” 『국제정치논총』 제52집 제1호(2012).

마상윤, “전쟁의 그늘, 베트남 전쟁과 미국의 동아시아 정책,” 『한국과 국제정치』 제21권 제3호(2005).

문은영, “걸프전쟁,” 『중동연구』 제20권(2001).

박태균, “작동하지 않는 정전협정, 그리고 천안함,” 『역사와 현실』 제76호 (2010).

박태균, “한국군의 베트남전 참전,” 『역사비평』 제80호(2007).

서인숙, “한국형 블록버스터에서 분단의 재현방식: 한(恨)과 신파의 귀한,” 『문학과 영상』 제12권 제4호(2011).

송은희, “정보환경의 변화 및 세계 주요 정보기관의 비교,” 『서석사회논총』 제2권 제2호(2009).

신유섭, “냉전종식 이후 미국 정보기구의 개혁방향,” 『국제정치논총』 제39권 제2호(1999).

안병진, “쿠바 미사일 위기와 베를린 가설,” 『동향과 전망』 제81호(2011).

윤지원(구 윤영미), “한반도 정전체제와 한미동맹의 역사적 기원과 전망,” 『군사연구』 제135권(2013).

윤지원, 『글로벌시대 한국과 국제협력』, 도서출판 두남(2012).

이무철, “전쟁에서 휴전까지 전개과정은?,” 『통일한국』 제331호(2011).

이상현, “21세기 안보환경 변화와 국가정보기관의 새로운 역할,” 『국가정보연구』 제1권 제1호(2008).

이석호 · 이지훈, “쿠바 미사일 위기와 소련 정부,” 『국방연구』 제45권 제2호(2002).

이호영, "아프리카의 지정학적 특성과 미국의 신 아프리카 정책," 『사회과학연구』 제6권(2000).

장성일, "에너지 안보와 국가안보: 제1차 걸프전쟁과 미국의 군사개입," 『에너지경제연구』 제7권 제2호(2008).

장준갑, "케네디와 흐루시초프: 위기극복의 지노력," 『서양사학연구』 제22집(2010).

정구연, "미국의 아프리카 대외원조정책 연구: 원조와 안보의 연계를 중심으로," 『국제관계연구』 제18권 제1호(2013).

정병기, "한국전쟁 영화에 나타난 국가관과 전쟁관: <포화 속으로>와 <고지전>을 중심으로," 『국제정치논총』 제53집 제4호(2013).

정영태, "소말리아 내선의 특싱과 진망," 『한국아프리카학회지』 제6집(1993).

채재병, "국제테러리즘의 변화와 지속성," 『한국정치외교사논총』제28집 제2호(2007).

최동주, "저개발국 내전형 분쟁의 사회경제적 배경," 『국제지역연구』 제9권 제4호(2005).

최영철, "걸프지역 석유자원과 제2차 걸프전쟁, 1990-1991," 『중동연구』 제32권 제2호(2013).

황지환, "서평: 위험수용과 손실의 국제정치적 의미," 『전략연구』 제44호(2008).

『국방일보』 2012년 7월 27일자

『한국경제』 2014년 1월 25일자

http://www.cine21.com/news/view/mag_id/7574 (검색일: 2015.3.15).

http://www.kanis.or.kr/kboard/file/%C7%D1%C1%A4%C5%C3.pdf (검색일: 2015.3.10).

저자소개

윤 지 원 (구 윤영미, 평택대 외교안보전공 교수)

- 충주 출생으로 충주여고를 졸업하고, 이화여대 정치외교학과 졸업 후, 애버딘대학교(Aberdeen, 영국)에서 국제관계학 석사와 글라스고대학교(Glasgow, 영국) 정치학 박사를 받았음. 2005년부터 평택대학교 교양학부 외교안보전공 교수로 재직 중이고, 평택대 남북한문제연구소 소장과 주한미군연구센터위원을 맡고 있음.
- 현재 YTN 객원해설위원, 월간지 「정경뉴스」와 기타 일간지 칼럼리스트, 안행부 자문위원, 육·해군·해병대 발전자문위원, 한국정치 학회 및 한국국제정치학회 이사와 군부대 안보 강사로 활동 중임. 그밖에 국방(FM) 및 국방(TV)와 한국정책방송(KTV)에서 시사 앵커(MC), 국방부 및 합참, 통일부, 민주평통자문위원, 고려대 평화연구소 연구교수 등을 역임했음.
- 주요 저서로 『뉴글로벌 시대 동북아 국제질서와 외교안보』(도서출판 두남, 2014), 『글로벌 시대 한국과 국제협력』(2013년 대한민국학술원 우수학술도서 선정, 도서출판 두남, 2012), 『현대 러시아정치와 국제관계』(도서출판 두남, 2012), 『동북아시아의 외교와 안보』(도서출판 두남, 2011), 『21세기 세계정치와 상생의 외교전략』(도서출판 두남, 2010)와 『러시아자본주의 혁명』(우수번역서 선정, 전략과 문학, 2010, 공역), 『현대비교정치론』(명인, 2007, 공역), 『혁명은 TV로 중계 되지 않는다』(산해, 2006, 공역) 외 다수의 공저와 논문이 있음.

영화로 이해하는 한국과 국제정치

초 판 1쇄 발행 —— 2015년 5월 10일
초 판 2쇄 발행 —— 2016년 2월 20일
지은이 —— 윤 지 원
펴낸이 —— 전 두 표
펴낸곳 —— 도서출판 두남
서울시 강동구 성내로6길 34-16 두남빌딩
신 고 : 제25100-1988-9호
TEL : 02) 478-2065, 2066, 2067, 2311
FAX : 02) 478-2068
E-mail : dunam1@unitel.co.kr
http://www.dunam.co.kr

정가 12,000원

ISBN 978-89-6414-604-0 93340